Israël – Palestine

AUX ÉDITIONS LIBRIO
en collaboration avec Le Monde

Coup de chaud sur la planète, Librio n° 449
Les Femmes et la Politique, Librio n° 468
La Peine de mort, Librio n° 491
Les Présidents de la Ve République, Librio n° 521

Israël – Palestine

Une terre, du sang,
des larmes

Librio

Texte intégral

Cet ouvrage est un recueil d'articles du journal *Le Monde*, sélectionnés et présentés par Yves Marc Ajchenbaum.

Ces textes sont de Michel Bôle-Richard, Sylvain Cypel, André Fontaine, Alain Frachon, Paul-Jean Franceschini, Sylvette Gleize, Sylvie Kauffmann, Jean-Pierre Langellier, Stéphanie Le Bars, Georges Marion, Tibor Mende, Mouna Naim, Gilles Paris, Éric Rouleau, Édouard Saab, Henri Tincq.

INTRODUCTION

Le nationalisme juif, plus connu sous le nom de sionisme, a un peu plus d'un siècle. Le nationalisme arabe également. Ennemis redoutables, ils sont nés au même moment et sont issus du même modèle : les États-nations de l'Europe occidentale. Ils se sont donc développés en se construisant une identité basée sur un projet de territoire, sur la mise en valeur de la notion de peuple, sur la force d'une langue, et en s'appuyant sur l'Histoire, les mythes et les rêves.

Le sionisme est né au sein du judaïsme libéral européen, bourgeois, humaniste et plus spécifiquement de culture allemande. Mais il a d'abord concerné les communautés juives de Pologne et de Russie privées de droits et en butte à de féroces mouvements antisémites. Un ensemble humain volontiers impliqué dans les mouvements révolutionnaires de la région, ce qui explique la place que prendront les idées socialistes et même léninistes dans le sionisme des années 1920. De son côté, le judaïsme orthodoxe fort influent en Europe orientale s'opposera avec virulence à ce mouvement qui, à ses yeux, insulte Dieu en refusant d'attendre la venue du Messie pour oser retourner en Terre promise. Cependant, une minorité religieuse ralliera le mouvement sioniste, de même qu'une extrême droite proche des conceptions mussoliniennes de l'État fort.

Quant au mouvement nationaliste arabe, il prend son essor au lendemain de la Première Guerre mondiale, profitant de la dissolution de l'Empire ottoman. Il s'appuie surtout sur les partisans d'un islam rénové, capable de construire une société musulmane au sein d'un État modernisé. Un nationalisme qui mêle le religieux et le politique mais – parce que les situations ne sont jamais aussi simples – subit aussi l'influence des intellectuels des communautés chrétiennes de Syrie et du Liban très déterminés à penser l'avenir en terme d'État-nation et prêts à participer à la mise en œuvre d'une nation arabe mais avec une vision plus laïque et un projet qui tend à séparer nettement le politique du religieux.

Tout au long du XXe siècle, le panarabisme et le sionisme vont s'affronter, plus ou moins pacifiquement selon les périodes, mais la construction d'une entité complexe multiculturelle et multiconfessionnelle ne sera jamais concrètement envisagée. Chacun rêve d'un large État homogène par l'élimination au moins politique de l'autre. Ainsi, à mesure que le projet sioniste prend de la force, parallèlement à la montée de l'antisémitisme en Europe, et en Russie, puis après l'élection de Hitler en Allemagne, le nationalisme arabo-palestinien mobilise et s'organise contre l'installation d'une société et d'un pouvoir politique juifs dans la région[1]. On assiste à un face-à-face entre une émigration européenne qui n'a aucune attirance pour l'Orient et bien peu de connaissances sur cette importante société arabe de Palestine[2] encadrée par quelques grandes familles globalement traditionalistes, mais d'où émergent quelques professions libérales plus ouvertes.

En 1922, la population arabe de Palestine est évaluée à 600 000 personnes, la population juive à 84 000[3]. Onze ans plus tard, Hitler arrive au pouvoir. La Palestine apparaît alors pour nombre de Juifs allemands, notamment ceux qui n'ont pu obtenir de visa pour les États-Unis, comme un refuge possible. Entre 1929 et 1939, la Palestine accueillera 250 000 immigrants juifs dont 25 % en provenance d'Allemagne. Une immigration urbaine, laïque, influencée par la social-démocratie européenne et éduquée depuis des siècles dans le giron de la vieille Europe. Désormais, pour les dirigeants sionistes, le projet de création d'un foyer national est dépassé. Ils visent à la mise en œuvre d'un État. Et cela, les élites palestiniennes l'ont bien compris.

---

1. En 1935, les Britanniques avaient répertorié six partis politiques arabes en Palestine.
2. En 1944, hors le désert du Néguev, la densité moyenne de la population de Palestine était de 124 h/km². (Cf. Henry Laurens, *La Question de Palestine*, t. II, Fayard. À la même époque, la France comptait 74 h/km².
3. Cf. *Dictionnaire encyclopédique du judaïsme*, Robert Laffont/Cerf.

La Seconde Guerre mondiale va radicaliser les positions. Du côté palestinien, on voit apparaître l'influence du mouvement égyptien des Frères musulmans et surtout il se dessine des alliances entre une partie des nationalistes palestiniens et l'Allemagne nazie. De son côté, le mouvement sioniste va rechercher l'appui des États-Unis qui ont de sérieuses visées sur la région et souhaitent affaiblir l'influence anglaise. Pendant ce temps, en Europe, les citoyens juifs des pays vaincus par l'Allemagne nazie sont abandonnés à leur sort. Abandonnés dans leur propre pays, par leur propre gouvernement et leurs administrations civiles et militaires. Ils sont à la merci du vainqueur nazi. La « solution finale » est en marche dans l'indifférence ou l'ignorance.

Cinq ans plus tard, les rescapés de la Shoah, sortis des camps de concentration et des ghettos, sont installés par les Alliés dans des camps de personnes déplacées en Allemagne même. Ils seront à la fois sauvés de la déchéance et instrumentalisés par le mouvement nationaliste juif qui engage toutes ses forces dans la création de l'État d'Israël. Il faut dire que, parias d'une Europe détruite, s'il leur reste encore une parcelle de désir de vivre, c'est à la condition de fuir l'Europe. Loin. Leur rêve, c'est d'abord l'Amérique mais, aux États-Unis, ni les dirigeants politiques et encore moins l'opinion publique ne sont prêts à les accueillir. Ils sont 250 000 ainsi à attendre et Washington délivre mille cinq cents autorisations par mois pour l'ensemble de la population d'Europe orientale[1]. C'est dire combien ce besoin, pour beaucoup, de tourner le dos à l'Europe ne peut se réaliser qu'en s'engageant dans le projet sioniste.

En 1946, la tension est à son comble dans le protectorat britannique de Palestine. Cette année-là, le terrorisme de l'extrême droite juive organise plusieurs attentats contre l'armée et les policiers[2] anglais. De son côté, le mouvement sioniste socialiste met au point des arrivées clandestines des rescapés des camps de

1. Entre la bataille de Pearl Harbor et le 8 mai 1945, seulement 21 000 Juifs d'Europe ont été admis aux États-Unis, même la Suisse a fait mieux.
2. Au cours du dernier trimestre 1946, une centaine de soldats et de policiers britanniques seront assassinés par les extrémistes juifs.

concentration. La bataille pour la mobilisation de l'opinion internationale bat son plein et, à l'époque, celle qui compte, c'est d'abord l'opinion occidentale, celle qui vient de découvrir ce que le nazisme a fait subir à ses concitoyens juifs d'Europe...

Les Soviétiques, trop contents d'affaiblir l'Empire britannique, ne s'opposent guère au projet, les États-Unis vont plus loin : ils proposent de financer l'installation de 100 000 nouveaux immigrants juifs d'Europe mais tout en refusant la moindre implication militaire ou policière dans la région. Pour eux aussi la faillite politique des Britanniques dans la région leur permet de s'y installer sans s'investir physiquement dans ce bourbier.

Du côté du monde arabe, outre le désir commun d'empêcher l'arrivée de nouveaux migrants juifs, d'éloigner les Britanniques et les Français, s'exprime, de la part de la Syrie, de l'Égypte ou du royaume de Jordanie, une furieuse envie de se partager la Palestine.

Tout est prêt pour une explosion. Ces réfugiés venus d'Europe qui arrivent pour se reconstruire vont bientôt croiser ceux qui fuient leur terre pour être parqués sur les marches de leur pays. Beaucoup y sont encore, le face-à-face israélo-palestinien dure toujours, avec ses moments de paix et de violence totale.

Yves Marc Ajchenbaum

I

LA NAISSANCE D'UN ÉTAT : ISRAËL, ET D'UNE COMMUNAUTÉ DE RÉFUGIÉS : LES PALESTINIENS

Une chronologie du face-à-face israélo-palestinien avant les premières négociations de paix

Le 29 novembre 1947, trente-trois des pays membres de l'ONU votent la résolution 181 (treize voix contre et dix abstentions) qui adopte un plan de partage de la Palestine, territoire sous mandat britannique depuis la fin de la Première Guerre mondiale. Il prévoit que, le 1er août 1948, lorsque le mandat de Londres aura pris fin, le pays sera partagé en deux États indépendants, l'un arabe, l'autre juif, qui accéderont à la pleine souveraineté deux mois plus tard. Un régime spécial est prévu pour les Lieux saints et un statut spécial pour Jérusalem, placée dans une zone internationale et administrée par un gouverneur des Nations unies.

Ce plan est approuvé par le mouvement sioniste et refusé par les Arabes de Palestine (deux jours plus tard, ils entament une grève générale), comme par les pays voisins. En décembre, sept pays arabes réunis au Caire décident de s'opposer au partage du pays.

Le 14 mai 1948, le Conseil national juif proclame à Tel-Aviv l'indépendance de l'État d'Israël.

Le nouvel État est reconnu par Washington et Moscou. Le 15 mai, les forces des pays arabes entrent en Palestine : les troupes égyptiennes s'emparent de Gaza et d'Hébron. La Légion arabe, jordanienne, occupe partiellement Jérusalem. Tel-Aviv est encerclée et l'armée irakienne franchit le Jourdain.

Au prix de pertes terribles, Israël sort vainqueur de la guerre. Les frontières de l'armistice établies en 1949 lui laissent un territoire agrandi de moitié. Il ne reste sur son sol que 160 000 Palestiniens, ces « Arabes israéliens » placés sous un régime de gouvernement militaire et auxquels s'imposeront longtemps les « lois d'urgence » britanniques que les Israéliens ont intégrées à leur arsenal juridique.

Durant la période de décembre 1947 à octobre 1948 se situe l'essentiel de l'exode des Palestiniens. En un an, 650 000 Palestiniens fuient la guerre et la progression des troupes israéliennes, jalonnée de plusieurs massacres. Le massacre de Deir Yassine longtemps refusé comme un fait d'histoire est aujourd'hui reconnu par tous – où sont expulsés, les habitants de Lydda (aujourd'hui Lod). « Les Palestiniens doivent être expulsés rapidement, sans prêter attention à leur âge » : l'ordre est signé du jeune lieutenant-colonel commandant l'opération, Itzhak Rabin. 384 villages sont rasés par les Israéliens de la mi-1948 à la fin 1949.

En décembre 1949, l'agence des Nations unies pour les réfugiés de Palestine (UNRWA) recensait 726 000 réfugiés.

Le 11 décembre 1948, l'Assemblée générale de l'ONU adoptait la résolution 194 sur les réfugiés palestiniens. L'Assemblée « *[...] décide qu'il y a lieu de permettre aux réfugiés qui le désirent de rentrer dans leurs foyers le plus tôt possible et de vivre en paix avec leurs voisins et que des indemnités doivent être payées à titre de compensation pour les biens de ceux qui décident de ne pas rentrer dans leurs foyers et pour tout bien perdu ou endommagé lorsque, en vertu des principes du droit international ou en équité, cette perte ou ce dommage doit être réparé par les gouvernements ou autorités responsables.* »

1947-1949 : NAISSANCE D'ISRAËL

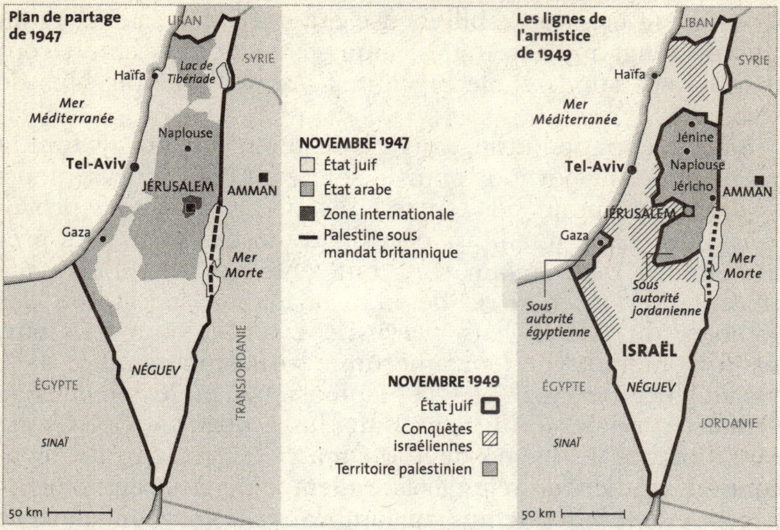

Entre novembre 1947, date de l'adoption du plan de partage de la Palestine aux Nations Unies, et novembre 1949, date de la signature des premiers accords d'armistice entre Israël et ses voisins, le nouvel État hébreu s'est agrandi de moitié. Plusieurs mois avant l'indépendance d'Israël, les forces juives (la Haganah et les milices de l'Etzel et du Lehi) entreprennent de conquérir des territoires dévolus à l'État palestinien, en Galilée et dans l'axe menant de la côte à Jérusalem. Après quelques revers, l'armée israélienne nouvellement formée, mieux équipée, beaucoup plus motivée, obtient gain de cause à l'issue de la guerre que lui mènent les pays arabes, ajoutant à ses conquêtes une parcelle au sud de Gaza. **Durant la période de décembre 1947 à octobre 1948 se situe l'essentiel de l'exode des Palestiniens.** Ces derniers fuient la progression des troupes israéliennes, jalonnée de quelques massacres. Un jeune chercheur israélien, Teddy Katz, a ainsi mis au jour, en février 2000, l'existence du « massacre oublié » de 200 hommes, femmes et enfants palestiniens à Tantoura, près de Haïfa, commis le jour même de l'indépendance, le 15 mai 1948. Ailleurs, les Palestiniens sont expulsés, comme le 11 juillet 1948, où les habitants de Lydda (aujourd'hui Lod) sont forcés à partir. « Les Palestiniens doivent être expulsés rapidement, sans prêter attention à leur âge » : l'ordre était signé du jeune lieutenant-colonel commandant l'opération, Itzhak Rabin. **384 villages sont rasés par les Israéliens** de la mi-1948 à la fin 1949.

Le problème des réfugiés de Palestine pèse lourdement sur le royaume de Jordanie

Jéricho, avril 1952. – La Jordanie est formée de montagnes arides et de déserts. Des routes en lacet gravissent les collines escarpées et rocailleuses, et, à l'exception de quelques Bédouins nomades et de quelques villageois montés sur leurs mules, seules les jeeps de la Légion arabe sillonnent la campagne. En descendant au-dessous du niveau de la mer jusqu'au paysage étrange et lunaire de la mer Morte on arrive à une vaste étendue sablonneuse qui précède Jéricho, et où plus de vingt mille réfugiés, entassés sous des tentes, sont abandonnés sur le sable brûlant. Ils sont là depuis plus de deux ans.

Sans occupation utile, sans espoir pour l'avenir, ils font la queue trois fois par jour pour la soupe ou pour leurs rations, ils discutent autour des tentes et écoutent les tirades provocantes des vieux mukhtars de villages ou des agitateurs professionnels. Déambulant sans but, entourés de ce paysage inhospitalier, et nourris de la propagande incessante des notables du camp, leur nervosité croît de jour en jour, jusqu'au moment où leur amertume trouve un exutoire dans des violences dangereuses. À Naplouse, parmi les olivaies de Samarie ; autour d'Amman ; dans les grottes de Bethléem ; dans l'ombre de la mosquée d'Omar à Jérusalem, des centaines de milliers de réfugiés attendent, dans des campements infects et sous des tentes en lambeaux, le jour où, dans le sillage des armées vengeresses de la Ligue arabe, ils retourneront chez eux. C'est ce qu'on leur fait croire dans tous les camps qui parsèment la carte de la Jordanie, et partout la tension monte à mesure que les jours passent sans apporter de changement à leur existence sans but. Il y a quelques jours un fonctionnaire de district a été assassiné par des réfugiés surexcités. Pas loin d'ici, dans un autre camp, les magasins d'approvisionnement ont été mis au pillage par une foule furieuse, et il circule de mauvaises rumeurs d'armes cachées dans les camps, de violences et d'agitation croissante.

Où qu'on aille dans ce pays c'est partout la même histoire. Les réfugiés groupés dans les villes et les villages connaissent souvent des conditions encore pires que ceux des camps, qui reçoivent du moins quelques soins médicaux et hygiéniques.

Pour comprendre les origines de ce problème terrifiant il est nécessaire de se reporter à l'époque de la lutte, en 1948. On peut poser mille fois la question de savoir pourquoi ces gens ont quitté leurs foyers de Palestine, on obtiendra mille réponses différentes. Certains ne voulaient pas vivre dans un État juif ; d'autres ont fui la bataille et, une fois celle-ci terminée, n'ont jamais trouvé l'occasion de rentrer chez eux. Beaucoup plus nombreux sont ceux qui sont partis parce qu'on leur avait dit que c'était pour quelques jours, quelques semaines au plus, et qu'ils reviendraient avec les armées arabes triomphantes pour retrouver plus qu'ils n'avaient jamais possédé. La plupart d'entre eux n'avaient rien à perdre de toute façon ; ils travaillaient comme ouvriers agricoles chez des propriétaires arabes, et n'avaient fait qu'obéir, comme toujours, aux ordres de leurs supérieurs. Lorsque le flot des réfugiés eut franchi la ligne qui devait devenir la frontière israélienne, les États arabes se trouvèrent débordés, et avec la coopération d'organisations bénévoles, les Nations unies durent se mettre de la partie.

Les efforts de l'UNRWA

En 1950, l'Office de secours et de travaux pour les réfugiés de Palestine (UNRWA), ayant à sa tête un Canadien, le général Kennedy, assisté du représentant de la Grande-Bretagne, sir Henry Knight, prit l'affaire en main. La succession était lourde. La Jordanie à elle seule avait plus de 450 000 réfugiés, le Liban 120 000, et la Syrie 80 000. Dans le « couloir de Gaza » – bande de terre stérile de 40 kilomètres de long sur 6 kilomètres de large, attenante à l'Égypte – deux cent cinquante mille personnes sont entassées dans l'un des camps les plus sinistres que notre monde, pourtant si tourmenté, ait jamais connus.

Mais les secours matériels, lorsqu'ils viennent seuls, ne font que démoraliser, et d'autres décisions s'imposaient. L'établissement définitif (*re-settlement*) des réfugiés semblait encore impossible étant donné l'atmosphère générale. L'UNRWA fut autorisé à organiser en même temps que les secours des travaux destinés à procurer une occupation utile aux malheureux habitants des camps. La construction des routes et quelques projets insignifiants mis à part, les « travaux » se heurtèrent à des difficultés. En 1950, 17 % seulement des fonds de l'UNRWA ont été dépensés à créer des occupations utiles pour les réfugiés, contre 70 % consacrés aux rations ; et cependant les pays où vivent ces réfugiés ont un besoin criant de bonnes routes et de travaux publics de toute sorte. En novembre 1950, l'ONU donnait son approbation à un projet d'installation définitive des réfugiés dans les pays arabes et en Israël, sans préjudice de leur droit de retourner chez eux ou de recevoir une compensation pour la perte de leurs biens. Encore une fois, des forces apparemment plus puissantes que l'UNRWA s'opposèrent à ce progrès. Pour 1950-1951 l'UNRWA avait demandé 54 millions de dollars, mais 43 millions seulement ont été souscrits, principalement par les USA, la Grande-Bretagne et la France. Les pays du Moyen-Orient ont promis moins de 2 millions.

Pendant ce temps un certain nombre de choses se sont éclaircies. Menacé chaque jour par la presse arabe d'un « second round » de la guerre, Israël ne tient pas, cela se comprend, à laisser rentrer un grand nombre d'Arabes qui pourraient former une cinquième colonne en puissance dans un État dont les Arabes se refusent à reconnaître les frontières. En second lieu, malgré leurs déclarations charitables, les États arabes n'ont pas bougé le petit doigt pour permettre aux réfugiés de s'établir chez eux. Troisièmement, l'UNRWA s'est montré incapable de faire quoi que ce soit d'effectif pour l'intégration de ces malheureux dans un système nouveau et définitif. Cependant la question des huit cent cinquante mille réfugiés prend les proportions d'un grave problème international. (Il faut noter toutefois qu'en face des chiffres cités à la Chambre des communes le dernier rapport des Nations unies sur le Moyen-Orient ne mentionne que 726 000 réfugiés arabes.) C'est un brandon qu'il est dangereux de laisser traîner dans une région déjà explosive d'un monde livré à la guerre froide, et qui menace la stabilité de toute la Méditerranée orientale.

La seule solution : l'établissement des réfugiés

À l'heure actuelle tout le monde est d'accord pour reconnaître que l'établissement des réfugiés est la seule solution. Les Nations unies ont proposé à cet effet une résolution ; le même principe a été accepté à la Chambre des communes. Le roi Abdullah a proclamé que la Jordanie était prête à accueillir les réfugiés comme citoyens permanents. L'ouest du royaume comporte quantité de terres cultivables qui demandent des bras, et tous les pays arabes ont une population nettement insuffisante. Et pourtant, s'il est un mot qu'on ne prononce actuellement au Moyen-Orient qu'à voix basse et avec terreur, c'est bien celui d'« intégration ». Aucun officiel n'ose s'en faire le champion ; nul politicien ne la soutiendrait, et, apparemment, nulle grande puissance n'a le courage de la reconnaître pour l'un de ses buts.

L'un des jeunes bureaucrates grassement payés que l'UNRWA entretient à Beyrouth – un de ces fonctionnaires internationaux dont l'idéalisme s'accroche obstinément à des illusions – me racontait qu'il y a quelques mois il avait organisé dans un des camps de réfugiés la culture des légumes autour des tentes. Occuper ces gens tout en ajoutant à leurs maigres rations quelques légumes frais lui avait semblé une excellente idée. Quelques semaines plus tard arrivait du quartier général une sévère réprimande : « *Arrêtez immédiatement opération carré légumes...* » « *La raison ?* », demandai-je, désireux d'obtenir quelques éclaircissements. Cela sentait « l'intégration »... Il haussa les épaules. Ce tout petit exemple, qui n'a rien d'exceptionnel, vient à l'appui de la thèse largement répandue selon laquelle les Nations unies dépenseraient de grosses sommes d'argent pour créer un problème des réfugiés plutôt que pour le résoudre. Ville après ville, camp après camp, j'ai demandé aux chefs de district et aux responsables des camps à combien de réfugiés ils avaient permis de s'établir au cours de l'année écoulée ; partout, sans exception, la réponse a été « *aucun* ».

La peur de l'« intégration »

Un Arabe instruit, actuellement employé par l'UNRWA, m'a montré un dossier contenant des suggestions, toutes repoussées, pour l'établissement de ses frères. Tout ce qui reste de son enthousiasme, c'est le sourire cynique avec lequel il fait allusion à la « *haute politique* », et qui s'accompagne d'un haussement des épaules contagieux. Sur les 800 000 dollars dépensés chaque mois pour les réfugiés, pas un n'a servi jusqu'à ce jour à engager un seul individu dans la voie d'une vie nouvelle. Comme pour montrer ce qu'il est possible de faire, même avec des fonds insignifiants mais avec une sincère bonne volonté – et des moyens de fortune mendiés aux quatre coins du monde –, l'UNESCO a créé dans les camps des écoles et des centres d'apprentissage dans lesquels, miraculeusement à l'abri de la bureaucratie de Beyrouth, on essaie d'enseigner le métier de charpentier, celui de cordonnier, et d'autres tout aussi utiles, à de jeunes Arabes au regard brillant d'intelligence. Sans cela ces enfants seraient condamnés à partager le désœuvrement et la décomposition morale de leurs aînés.

Où est l'explication ? Qui est responsable de cette curieuse impasse ? Richard Crossman, député travailliste, qui se trouvait ici il y a quelques jours, a essayé de donner une réponse à ces questions au cours du débat du 15 mars à la Chambre des communes. « ... *Tant que nous compterons sur l'ONU pour faire quelque chose de sérieux pour l'établissement des réfugiés, nous ne ferons que nous leurrer, car l'ONU est une organisation politique*, a-t-il déclaré. *Il y a la Ligue arabe et toute la politique de la Ligue arabe... La Ligue arabe a besoin du problème des réfugiés pour maintenir la cohésion contre Israël... L'établissement des réfugiés la priverait de son sujet de plainte le plus important. En second lieu, une paix entre la Jordanie et Israël serait des plus embarrassantes, du point de vue de la Ligue arabe, en levant l'embargo sur Israël... Telle est, me semble-t-il, l'impasse à laquelle nous nous trouvons acculés...* »

Loin de Westminster, à quelques kilomètres d'ici, un Arabe, personnage officiel de l'un des camps, me disait la même chose en d'autres termes : « *Si j'avais eu les millions que l'ONU distribue ici il y a longtemps que le problème serait résolu. Ce pays est immense, il ne manque pas de terre... si seulement les pachas voulaient permettre aux réfugiés de s'y installer* », et il fit un geste large de ses deux bras. « *Regardez ce qu'ils font de l'autre côté... Le problème qui se pose à eux est encore plus vaste, et ils arrivent à le résoudre...* » – et il désignait du doigt, par-delà les collines, la frontière israélienne. Il nous fallut en rester là, car des camions bringuebalaient sur la route, chargés de caisses portant l'inscription ONU, et des enfants s'alignaient pour la distribution quotidienne de lait. La psalmodie du Coran se tut brusquement : c'était l'heure du repas...

Tibor MENDE, *21 avril 1951*

Pendant près de quinze ans, un silence s'installe parmi les Palestiniens. Il faut attendre la fin des années 1950 pour qu'émergent timidement une parole et de modestes actions d'opposition à Israël qui soient l'expression d'une société palestinienne affaiblie.

Le premier congrès national palestinien

En 1959, plusieurs étudiants palestiniens du Caire, dont Yasser Arafat (Abou Ammar) créent une petite organisation, le Fatah. Son but : reconquérir la Palestine par la lutte armée en créant un mouvement relativement autonome, ou qui tente de l'être, vis-à-vis des États arabes de la région.

Cinq ans plus tard, le 28 mai 1964, se réunit le premier congrès national palestinien. Ahmed Choukeiri en assure la présidence. Une charte de l'OLP est adoptée le 2 juin, elle récuse le partage de la Palestine de 1947 et ne reconnaît pas la réalité de l'État d'Israël.

C'est dans un palace flambant neuf, au sommet du mont des Oliviers, que se tiennent depuis hier jeudi les assises du premier congrès national palestinien. Quelque trois cent vingt délégués représentant la plupart des organisations palestiniennes ont été convoqués à ce grand débat qui se déroule sous l'égide de la Ligue arabe, présente en la personne de son secrétaire général, M. Abdel Khalek Hassouna. Pour des raisons encore obscures dues, semble-t-il, à des rivalités partisanes, le comité supérieur arabe présidé par l'ancien mufti de Jérusalem, Haj Amin El Husseini, a décidé au dernier moment de boycotter la réunion. Tous les souverains et chefs d'État arabes, à l'exception de l'émir Fayçal Séoud, ont délégué à cette réunion des représentants personnels. L'Algérie, la Tunisie et la Syrie ont envoyé leurs ministres des Affaires étrangères, respectivement MM. Bouteflika, Mongi Slim et Hassan Mourawed.

La Jordanie, pays hôte, a profité de l'occasion pour montrer aux réfugiés, qui représentent la moitié de la population du royaume, à quel point elle était soucieuse de trouver une solution qui permettrait aux Palestiniens arabes de retrouver leur entité politique. C'est d'ailleurs l'objectif majeur de ce congrès, le premier du genre. Ce projet avait été conçu au lendemain du sommet arabe. Cette conférence avait décidé de restaurer l'entité palestinienne. Dans cette assemblée, M. Ahmed Choukeiri, représentant la Palestine auprès de la Ligue arabe, et ancien délégué permanent de l'Arabie saoudite à l'ONU, tient le premier rôle. La querelle qui avait opposé, après la chute de la monarchie yéménite, M. Choukeiri à la Cour saoudite devait amener le gouvernement du vice-roi Fayçal à boycotter le congrès. Fayçal vient de déclarer dans un cercle d'amis à Ryad : « *Notre glorieux père le roi Abdel-Aziz avait, le premier, soutenu que la défense de la Palestine ne pouvait être assumée en premier lieu que par les Palestiniens, et que la meilleure façon de perdre le pays serait de laisser aux gouvernements arabes le soin de le défendre au gré de leur fantaisie.* »

L'ouverture du congrès a été marquée par des discours assez conventionnels du roi Hussein, du secrétaire de la Ligue arabe, et par l'exposé très applaudi, très nuancé, de M. Choukeiri. Pour le souverain hachémite, « *l'honneur des Arabes ne sera sauf que lorsqu'ils auront récupéré leurs droits sur la Palestine* ». Le monarque se déclare prêt à payer de sa vie, à tout instant, pour que vive la Palestine. M. Hassouna a évoqué en termes modérés les grandes luttes menées par les Arabes contre l'impérialisme, qui toutes ont abouti au triomphe du droit. Il ne voit pas pourquoi le peuple palestinien échouerait là où les autres peuples arabes ont réussi. M. Ahmed Choukeiri a évoqué quelques souvenirs de la « *patrie usurpée* ».

Nous sommes las d'attendre et de désespérer, dit-il. Il nous a fallu seize ans pour refaire notre unité, et nous n'attendrons pas seize années pour passer à l'action. Or l'action, cette fois, ne sera ni politique ni diplomatique, mais rien que militaire. Il est demandé aux Palestiniens de lutter et de mourir, mais leur lutte et leur sacrifice seront conditionnés par les moyens que les gouvernements arabes mettront à leur disposition. Nous représentons ici, a ajouté M. Choukeiri, toutes les générations humiliées et trahies : celles de la déclaration Balfour, celles qui ont vécu l'impérialisme britannique en Palestine, celles qui ont connu les persécutions et les massacres, et celles qui vivent aujourd'hui dans la misère et le désespoir. Le malheur a voulu que notre lutte ne ressemblât en rien à celle des autres peuples opprimés. Les Cubains, les Angolais, les Algériens ont lutté chez eux dans leur pays. Nous autres avons été privés de ce tremplin qu'est la terre de nos ancêtres. Nous voilà réduits à lutter pour retrouver d'abord notre personnalité. Qu'avons-nous à perdre ? Pourquoi faut-il qu'un réfugié meure de faim sous la tente au lieu d'être tué au front les armes à la main ? M. Choukeiri a conclu son discours en exposant les grandes lignes du statut national de la Palestine arabe, que les congressistes seront appelés à adopter après y avoir apporté, s'il y a lieu, des modifications. Les travaux des comités ont commencé ce matin vendredi.

Edouard SAAB, *30 mai 1964*

Les résolutions : par la force des armes

« *Le problème palestinien ne sera jamais résolu qu'en Palestine et par la force des armes* », affirme solennellement dans sa résolution finale le congrès national palestinien, réuni depuis le 28 mai. Il demande à tous les rois et chefs d'État arabes de donner les instructions nécessaires au commandement arabe unifié pour qu'il trace dès maintenant un plan complet et décisif pour l'ouverture des camps d'entraînement.

Tous les Palestiniens devront s'y exercer au port des armes. Ils formeront des phalanges palestiniennes dépendant du commandement arabe unifié, permettant ainsi aux forces armées arabes de profiter du potentiel que représente le peuple palestinien.

Le congrès invite également tous les États arabes à développer entre eux un climat d'entente mutuelle conformément à l'esprit du sommet arabe de janvier. Il demande à tous les pays arabes de faire du 28 février de chaque année « *la journée nationale des peuples arabes* ».

Qualifiant le sionisme de « *mouvement d'agression illégal* », le congrès préconise « *le renforcement des liens entre les peuples arabes et les États épris de paix, ainsi que l'ouverture de négociations avec les États afro-asiatiques et socialistes dans le dessein d'expulser Israël de l'ONU et des organisations internationales* ».

« *Ceux qui reviennent* »

La commission politique condamne « *l'attitude de la Grande-Bretagne et des États-Unis à l'égard du problème palestinien* ». Elle déclare apprécier « *le soutien apporté aux Arabes par les États socialistes, et en particulier par la Chine populaire et l'URSS, en ce qui concerne le problème palestinien* ».

Le congrès repousse dans une motion spéciale « *toute tentative de considérer le problème palestinien comme étant le problème des réfugiés* ». Il rejette toute politique qui tendrait à l'installation des Palestiniens hors de leur pays. Il modifie à cet effet la terminologie arabe en usage jusqu'à présent. Les Palestiniens chassés de leur pays ne seront plus appelés « réfugiés », mais « *ceux qui reviennent* ».

En ce qui concerne la rédaction définitive de la « charte palestinienne », le congrès accepte la formule proposée par la commission de la charte selon laquelle « *l'organisme palestinien de libération n'exercera aucune souveraineté régionale ni sur la rive gauche du Jourdain (jordanienne), ni sur le secteur de Gaza (administré par l'Égypte), ni sur la région d'El Hemma (comprise dans les frontières syriennes)* ».

Dans une autre résolution, les membres du congrès sont considérés comme formant « *l'Assemblée nationale provisoire* » avec mandat de deux ans. En 1966, l'Assemblée nationale de « *l'organisation de libération palestinienne* » sera élue et prendra officiellement ses fonctions.

Le congrès a d'autre part dénoncé les traités discriminatoires, réclamé le démantèlement des « *bases impérialistes* » installées en pays arabes, et approuvé l'action actuellement en cours en Arabie du Sud.

Il a enfin décidé d'imposer tous les Palestiniens âgés de plus de dix-huit ans. Le fonds national de la nouvelle organisation sera également alimenté par des taxes sur les exportations de pétrole, sur les billets d'avion, sur le commerce des produits de luxe.

Édouard SAAB, *4 juin 1964*

1967 : LES CONQUÊTES ISRAÉLIENNES

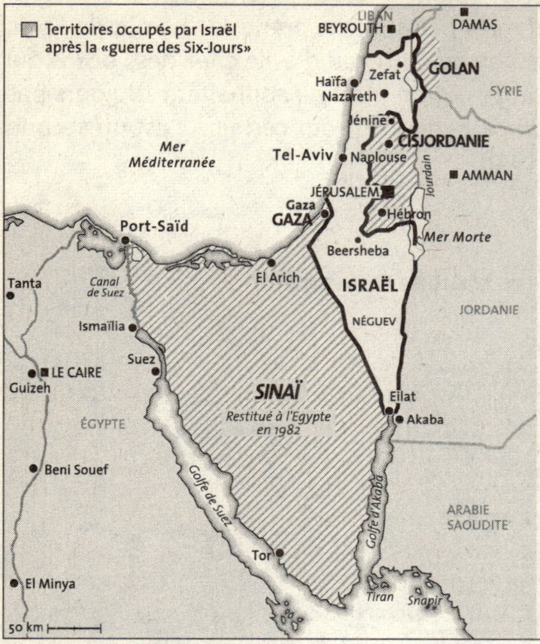

Israël et ses voisins se rejettent la responsabilité de la guerre dite « des Six-Jours » (5-10 juin 1967). Elle succède à une forte montée des tensions : menaces de l'état-major israélien contre la Syrie au sujet des eaux du Jourdain, défilé militaire de Tsahal à Jérusalem contraire aux accords d'armistice, demande du Caire du retrait des casques bleus à la frontière, fermeture du golfe d'Akaba aux navires vers Eilat et, enfin, ralliement d'Amman et de Bagdad au pacte militaire égypto-syrien. Le 5 à l'aube, l'aviation israélienne attaque et détruit les forces aériennes égyptiennes. Israël conquiert ensuite le Sinaï, Gaza et la Cisjordanie en quatre jours. Jérusalem refuse deux jours durant un cessez-le-feu onusien, accepté par Damas, pour parachever la prise du Golan. Les Palestiniens attendront vingt-sept ans, après les accords d'Oslo (1993), pour que l'étau de l'occupation israélienne commence à se desserrer **(retrait de Jéricho et de Gaza).** Les accords de Camp David (1978) entre l'Israélien Begin et l'Égyptien Sadate aboutissent **au retrait israélien du Sinaï.** Depuis 1995, **plusieurs négociations avec Damas pour la restitution du Golan à la Syrie ont échoué.**

1967

Du 5 au 10 juin : guerre des Six-Jours.

À l'issue de plusieurs semaines de menaces belliqueuses et d'actes d'hostilité de la part des pays arabes, Israël passe à l'offensive. Sa chasse immobilise les aviations syrienne et égyptienne, avant que ces deux pays et la Jordanie n'entrent en guerre contre l'État hébreu. Israël sort grand vainqueur de cette tentative de déstabilisation de l'État hébreu. Le panarabisme se révèle, par-delà les discours populistes qui enflamment la région, dans l'impossibilité de construire une opposition constructive face à un petit État démocratique, dynamique et d'un niveau technologique sans pareil dans la région.

La Cisjordanie et la partie orientale de Jérusalem, jusqu'alors sous contrôle jordanien, puis la bande de Gaza, sous tutelle égyptienne, le plateau du Golan syrien – d'où son territoire était bombardé –, enfin le Sinaï égyptien.

Dès l'été, commence la colonisation de la Cisjordanie. Une nouvelle génération de réfugiés palestiniens prend le chemin de l'exil. Ils sont 200 000 à la recherche d'un lieu d'asile chez des voisins qui veulent bien déstabiliser la région mais ne souhaitent toujours pas accueillir les victimes de cette guerre. Pour certains c'est un second départ après l'exil de 1948.

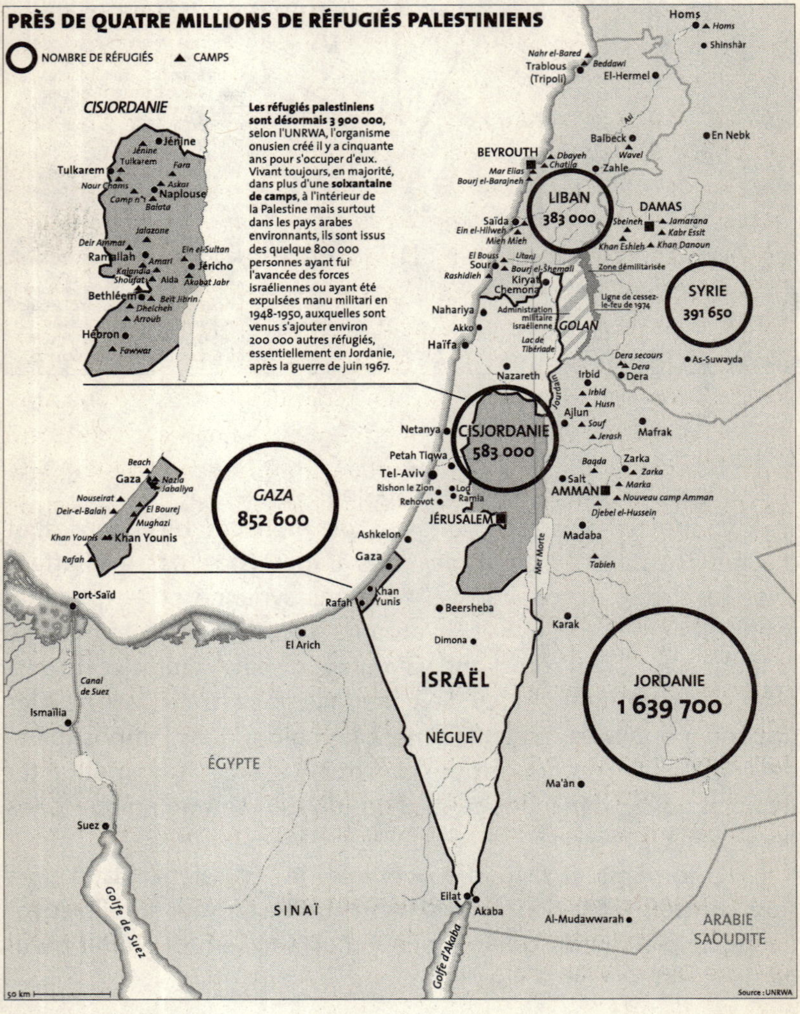

Le 22 novembre 1967, les Nations unies adoptent la résolution 242 qui pose le principe de l'échange des territoires contre la paix. Le Conseil, « *soulignant l'inadmissibilité de l'acquisition de territoires par la guerre* » et l'« *engagement* » des membres de l'ONU « *d'agir conformément à l'article 2 de la charte* » (règlement pacifique des différends, interdiction du recours à la menace et à la force, etc.), « *affirme* » que « *l'instauration d'une paix juste et durable* » devrait s'appuyer sur deux principes : a) « *retrait des forces israéliennes des territoires occupés pendant le récent conflit* » ; b) cessation de toute belligérance, « *respect et reconnaissance de la souveraineté, de l'intégrité territoriale et de l'indépendance de chaque État de la région et droit de vivre en paix à l'intérieur de frontières sûres et reconnues, à l'abri de menaces et d'actes de force* ». En outre, le Conseil affirme notamment « *la nécessité [...] de réaliser un juste règlement du problème des réfugiés* ». Israël a toujours prétendu que, d'après le texte anglais de la résolution, ses forces n'était pas tenu d'évacuer tous les territoires, mais de se retirer seulement derrière les frontières qu'il juge « *sûres* ». Rappelons que l'anglais est la langue originale de la résolution. Ainsi, Israël se serait mis en règle avec l'ONU en évacuant le Sinaï. Les États arabes, de leur côté, n'ont jamais accepté que le « *problème palestinien* » soit réduit à « *un problème de réfugiés* ». La résolution 242 fut adoptée à l'unanimité du Conseil de sécurité qui ne comprenait aucun pays arabe.

30 août-20 septembre 1970 : Septembre noir.

Après le détournement de trois avions par des Palestiniens et leur destruction sur le sol jordanien, une situation de guerre s'installe entre les forces royales jordaniennes et les organisations palestiniennes qui ont trouvé refuge dans ce pays. Les autorités de Jordanie s'estiment menacées par une sorte d'État dans l'État qu'installent peu à peu les organisations palestiniennes.

Le 16 septembre, un gouvernement militaire est constitué. Des combats très violents ont lieu dans le gigantesque camp de réfugiés de Djebel-Wahadate.

Huit jours de tuerie

C'est à la lueur de plusieurs foyers d'incendie, de fusées éclairantes et de balles traçantes qu'un appareil de la Croix-Rouge internationale, à bord duquel nous avions pris place, a réussi non sans mal à décoller d'Amman jeudi soir. De violents combats se déroulaient à proximité de l'aérodrome. Les forces royales bombardaient sans discontinuer le gigantesque camp de réfugiés de Djebel-Wahadate. Entre deux explosions assourdissantes, on pouvait distinguer la pétarade dérisoire des mitraillettes avec lesquelles se défendent les résistants palestiniens.

Alors que des milliers, peut-être des dizaines de milliers, de blessés attendent des secours, les hôpitaux ne sont pas pleins, et notre avion est reparti aux trois quarts vide. Des équipes médicales venues de l'étranger ne parviennent pas à atteindre les principaux quartiers sinistrés. Djebel-Akhdar et Djebel-Hussein, où sont retranchés des fedayins dans de misérables bidonvilles, continuent à être les cibles favorites de l'artillerie lourde, qui tire jour et nuit. Le cessez-le-feu n'est respecté par aucune des deux forces antagonistes. Il n'est pas possible de se déplacer à Amman, y compris dans les secteurs dits « épurés » des fedayins, sans risquer d'essuyer le feu de l'une des deux parties, ou des deux à la fois. La méfiance réciproque et la nervosité sont telles que même les ambulances ne sont plus épargnées. Deux d'entre elles ont été détruites ces derniers jours.

Amman, habituellement grouillante de vie, est depuis neuf jours une ville morte. La population, épouvantée, se terre. Rares sont les maisons qui n'ont pas été atteintes par un engin explosif quelconque. Beaucoup ont été partiellement détruites ; nombre d'immeubles ont été rasés au sol. Les survivants n'osent pas sortir de chez eux, bien qu'ils manquent d'eau et de nourriture, et que les conditions sanitaires se dégradent sérieusement.

Dans certains quartiers de la capitale, l'odeur de la poudre se mêle à la puanteur. La paralysie de tous les moyens de communication et de transmission, y compris le téléphone, retarde considérablement l'évacuation des victimes. Des voitures blindées de l'armée se sont chargées de ramasser les cadavres ; par groupes de cinquante, les corps sont inhumés dans des fosses communes, qui occupent jusqu'ici environ 1 hectare de terrains vagues à l'entrée méridionale de la ville.

La tragédie est que le roi Hussein peut difficilement s'arrêter à mi-chemin. « *Si je devais avoir le sentiment que le contrôle de la situation m'échappait,* nous disait-il, *je n'hésiterais pas à demander le secours de puissances amies.* » Une nette victoire lui est, en effet, nécessaire pour conserver le soutien de son armée ainsi que son trône. Il est persuadé que les fedayins sont plus que jamais décidés à lui ravir le pouvoir et que tout compromis auquel il souscrirait en désespoir de cause ne constituerait pour eux qu'une ruse de guerre, qu'un répit qui leur permettrait de repartir à l'assaut de la monarchie.

Quant aux dirigeants de la résistance, ils sont de toute évidence divisés. Les uns, comme M. Abou Ayyad, souhaitent avant tout mettre fin au carnage, et d'autres, dont ceux qui résident à Damas et à Bagdad, sont décidés à poursuivre le combat jusqu'à son terme. Peut-être pensent-ils qu'ils n'ont plus le choix : après la cassure intervenue entre l'opinion palestinienne et le roi, accepter les conditions de ce dernier les discréditerait.

Éric ROULEAU, *20 septembre 1970*

Le 27 septembre 1970, un cessez-le-feu est conclu au Caire sous les auspices de Nasser. Les pertes palestiniennes sont énormes. Selon le Croissant-Rouge palestinien, ce conflit a fait 3 440 morts et 10 840 blessés parmi la population civile, pendant les combats les plus durs.

L'Organisation de libération de la Palestine (OLP) est expulsée de Jordanie, où elle était entièrement basée, et s'installe au Liban. Des centaines de milliers de Palestiniens rejoignent le sud du Liban.

5 septembre 1972 : jeux Olympiques de Munich.

Onze membres de l'équipe israélienne sont tués au cours de l'invasion de leur pavillon par un commando palestinien qui se baptise « septembre noir ».

1973

Guerre du Kippour.

Le 6 octobre 1973 (jour du Grand Pardon, Yom Kippour, la plus importante fête religieuse juive), les forces égyptiennes passent le canal de Suez et les Syriens pénètrent dans le Golan. Israël subit de lourdes pertes et voit nombre de ses positions enfoncées, avant de reprendre l'initiative et de reconquérir le terrain perdu. La guerre se termine le 24 octobre par un accord de cessez-le-feu.

Pour la première fois dans l'histoire, le pétrole devient une arme. Six pays du Golfe, réunis à Koweït-City, décident d'augmenter de 17 % le prix du baril de pétrole et de réduire chaque mois de 5 % leur production de brut.

En Israël, la direction travailliste sort durablement ébranlée de cette guerre qu'elle n'a pas su prévoir. L'OLP s'implante de plus en plus solidement dans le sud du Liban, d'où ses commandos multiplient les raids contre Israël.

La guerre doublement sainte

« *Jamais auparavant, dans sa tumultueuse histoire, Israël n'a été autant en sécurité ni tellement supérieur du point de vue militaire. Six ans après la guerre des Six-Jours, une guerre ouverte entre Israël et ses voisins semble moins probable qu'à aucun moment dans le passé.* »

On serait mal venu de se moquer de M. Holbrooke parce qu'il s'exprimait ainsi, il y a tout juste un mois, dans la très sérieuse revue américaine *Foreign Policy*, dont il est le directeur : tout le monde pensait comme lui. Aussi bien, la première réaction à la nouvelle du déclenchement des hostilité a-t-elle été de penser, y compris chez beaucoup d'amis des Arabes, que ceux-ci allaient au massacre.

En juillet dernier encore, le général Sharon, l'un des plus réactionnaires, il est vrai, des opposants au général Dayan, déclarait : « *Israël est une super-puissance... En une semaine, nous pouvons conquérir toute la région allant de Khartoum à Bagdad et à l'Algérie.* »

Il fut un temps où, au moins dans les services de renseignement israéliens, on était plus circonspect. Un de leurs chefs, rencontré il y a deux ans, ne se cachait pas de prendre au sérieux un adversaire dont l'entraînement était devenu singulièrement « *agressif* », qui disposait d'un matériel considérable et ultra-moderne, et dont le commandement, au sein duquel les « *ventres plats* » avaient remplacé les pachas poussifs de jadis, multipliait les exercices de franchissement de voies d'eau. Moyennant quoi, déjà à ce moment-là, les dirigeants, intimement, ne croyaient guère à la possibilité d'une attaque. Et quelques mois plus tard le départ des conseillers soviétiques avait achevé de les rassurer ; sans eux, disait-on, les Égyptiens n'arriveront jamais à monter une offensive.

Un affrontement inéluctable

Tout en gardant le fusil à la bretelle, les Israéliens s'imaginaient que les Arabes « *finiraient par comprendre* » et par accepter le fait accompli de la présence juive dans les territoires occupés, voire par se féliciter de la chance qu'elle donnait aux Palestiniens d'atteindre, avant leurs frères des pays voisins, aux rivages bénis de la société de consommation.

Ceux qui se permettaient d'exprimer quelque scepticisme devant cette assurance se voyaient répondre qu'ils ne comprenaient rien à la psychologie arabe. Seule une minorité d'obstinés et de criminels, leur disait-on, continuaient à contester l'évidence. Mais des coups si rudes leur étaient portés qu'ils auraient vite cessé de constituer un danger.

Donnant la priorité à la lutte contre les fedayins, les services spéciaux israéliens auraient-ils un peu négligé la recherche du renseignement sur les activités des États voisins ?

Les signes annonciateurs de l'attaque étaient nombreux. Ce n'est pas une fois, mais dix, que M. Sadate avait déclaré que, puisque « *toutes les portes lui avaient été claquées au visage* » par les Américains et les Israéliens, l'affrontement était devenu inéluctable. La « réanimation » du front était le thème principal des nombreux entretiens qu'il avait eus au cours des dernières semaines avec les dirigeants syriens, jordaniens et saoudiens. Il est vrai qu'il avait si souvent parlé, dans le passé, de se lancer à l'attaque, « *dût-elle faire un million de morts* », que nombre de ses compatriotes eux-mêmes avaient tendance à tenir ses propos pour simples rodomontades.

La soudaine réconciliation du Raïs égyptien avec les rois Fayçal et Hussein, le retour à leurs postes des journalistes de gauche épurés ne peuvent tout de même pas ne pas avoir amené les Israéliens, toujours attentifs au moindre détail de l'évolution de la politique arabe, à se poser des questions. Et les journaux de Tel-Aviv faisaient depuis plusieurs jours état de mouvements de troupes adverses.

Il fallut cependant, d'après ce qu'ils ont dit aux ambassadeurs étrangers, le départ des familles des experts soviétiques de Syrie, quarante-huit heures avant le déclenchement des hostilités, et celui d'unités russes mouillées dans la rade d'Alexandrie, pour que les dirigeants de Jérusalem commencent à s'inquiéter sérieusement. Certes, ajoutaient-ils, on signalait depuis quelque temps d'importantes concentrations de troupes sur les frontières, mais, Dieu sait, ce n'était pas la première fois.

L'attitude de Moscou

Peut-on prendre cet aveu de candeur pour argent comptant ? Il est normal que vienne à l'esprit l'hypothèse que Jérusalem, dans le dessein de se concilier une opinion internationale moins bien disposée à son égard que par le passé, ait délibérément laissé l'adversaire finir le premier, ou que les États-Unis, soucieux de préserver la détente, l'y aient vraiment encouragé. Il est possible aussi que le général Dayan ait estimé qu'il vaincrait mieux l'adversaire en le laissant s'avancer. Mais rien pour le moment ne permet de l'affirmer.

De toute façon, qu'il y ait eu ou non surprise du côté israélien quant au fait même de l'attaque, il est hors de doute que la combativité des troupes arabes et la qualité de leur matériel ont bien constitué une surprise. Même si la fameuse « ligne Bar Lev » n'était, comme on nous le dit maintenant, qu'une chaîne de « sonnettes », le général Elazar n'a sûrement pas abandonné de gaieté de cœur aux Égyptiens la rive orientale du canal de Suez.

Surprise aussi, à n'en pas douter, l'attitude soviétique. On avait décidé une fois pour toutes que Moscou avait désormais partie liée avec Washington et ne fournissait plus qu'un appui théorique et verbal aux pays arabes. Le départ des conseillers russes d'Égypte en 1972 avait été universellement interprété, après la chute et l'arrestation du Premier ministre soviétophile Ali Sabry, comme l'indice d'un net refroidissement entre Le Caire et le Kremlin. Et il semblait que Damas fût en passe d'en faire autant. Les gouvernements arabes ne se cachaient pas d'être agacés par l'arrivée, chaque mois, en Israël, de quelque trois mille juifs soviétiques qui n'étaient pas tous, contrairement aux affirmations de M. Gromyko, des vieillards, des malades ou des incapables.

Il y a quelques semaines encore, le « sommet » d'Alger avait montré en quelle suspicion de nombreux « non-alignés », sensibles aux thèses chinoises, tenaient la politique de M. Brejnev à leur égard. Or non seulement celui-ci n'a apparemment rien fait pour empêcher Le Caire et Damas de se lancer dans une aventure dont il était, comme le montre l'évacuation des familles russes de Syrie, dûment averti. Mais il appuie sans réserve leur attitude – l'agence Tass parle d'« *exercice par les Arabes de leur droit d'autodéfense* », – leur livre ouvertement des armes et emploie à l'égard d'Israël un ton passablement menaçant. Le Kremlin a d'ailleurs tout intérêt à cet engagement aussi longtemps qu'il ne compromet ni ses bonnes relations avec les États-Unis ni la détente en Europe. Alors que la vulnérabilité énergétique de l'Occident devient chaque jour plus évidente, il fait des Arabes, détenteurs du tiers des ressources mondiales de pétrole, ses obligés. Sans son appui diplomatique et matériel, il leur aurait été impossible de remporter les premiers succès qui ont lavé un quart de siècle d'humiliations. En même temps, il marque un point décisif sur la Chine, qui aura de la peine, désormais, à dénoncer, comme elle le faisait depuis des années, la trahison par l'URSS de la cause arabe.

Est-ce à dire que le Kremlin pourrait être à l'origine de la reprise des hostilités ? Même si tel était le cas, ce qui n'est pas prouvé, la lutte garderait son caractère fondamentalement arabe, qui fait que pour une fois, de l'Arabie saoudite à l'Irak progressiste, du Maroc à l'Égypte, tout le monde, à la curieuse exception du colonel Kadhafi, participe, qui avec le gros de ses forces, qui avec des contingents symboliques, qui avec son argent, à la guerre pour la libération des territoires occupés. C'est le *Djihad,* la guerre sainte, aussi sainte que celle que mènent les Israéliens pour la sauvegarde de leur État.

Un ton modéré

La libération des territoires occupés, c'est le but, et le seul, que Damas et Le Caire ont officiellement assigné à leurs troupes. Le trait le moins remarquable de cette guerre n'est pas, en effet, la relative modération du langage de leurs propagandistes. Il contraste heureusement avec les imprécations de l'abominable Choukeiri.

Les soldats de Tsahal, l'armée israélienne, ont pour eux un entraînement, une technicité sans pareils. Ils se battent comme jadis les Romains contre les envahisseurs, *pro aris et focis,* pour leurs autels et leurs foyers, pour qu'il demeure sur la terre un endroit où les juifs se gouvernent eux-mêmes. Malgré la rupture des relations diplomatiques par une série d'États africains, malgré la perte de l'alliance française, malgré le refroidissement progressif de leurs relations avec l'Europe occidentale, et notamment la Grande-Bretagne, ils ont la solidarité active de la Diaspora, qui fait une fois de plus la quête et d'où accourent par milliers les hommes qui viennent prendre, dans les usines, les fermes et les administrations, la place des réservistes mobilisés.

Ils ont surtout derrière eux la puissance énorme des États-Unis. Les peuples du tiers monde le savent bien, qui qualifient si souvent Israël de « *tête de pont de l'impérialisme américain* ». En réalité, c'est plus souvent Israël qui contraint Washington, grâce à la force du « lobby sioniste », à s'aligner sur ses vues.

C'est bien parce que les États-Unis ont constitué le principal rempart sur lequel s'appuyait l'intransigeance israélienne que le président Sadate s'est efforcé avec constance, au cours des dernières années, de les séduire. Il s'est débarrassé des lieutenants communisants ou prosoviétiques de Nasser. Il a chassé les « conseillers militaires » russes de façon quasi ignominieuse. C'est seulement après avoir constaté que ces tentatives ne donnaient rien qu'il s'est décidé à recourir à la manière forte. Encore est-il manifeste que celle-ci ne suffit pas, à ses yeux, à obtenir le résultat cherché, et que le moment est venu pour les Arabes de faire directement pression sur les États-Unis en utilisant l'arme du pétrole pour qu'ils obligent Israël à se retirer, comme Eisenhower l'avait fait en 1957.

À long terme, c'est-à-dire à l'horizon d'une décennie, cette arme serait sans doute fort efficace.

Que le cessez-le-feu qui finira par intervenir comble les espoirs des uns ou ceux des autres, ou qu'il consolide simplement, comme en 1948 ou en 1967, la ligne du front, qu'il soit le fruit de l'usure mutuelle ou celui de la victoire, qu'il soit ou non imposé par l'extérieur, il y a fort à craindre qu'il ne règle rien. À moins que de part et d'autre on ne comprenne enfin que sur le sable fragile de l'Orient le sang, si souvent versé dans les combats fratricides et épuisants, n'a jamais assuré que des sursis. S'il y a un vaincu, demain, ne va-t-il pas de nouveau préparer sa revanche ?

André FONTAINE, *17-18 octobre 1973*

1975

La guerre civile libano-libanaise éclate. Elle va durer quinze ans. La Syrie comme Israël en sont parties prenantes, les Palestiniens également.

1977

Le 19 novembre, le président égyptien Anouar el-Sadate se rend à Jérusalem, rencontre Menahem Begin, le Premier ministre israélien, s'adresse à la Knesset et exhorte l'État hébreu à échanger les territoires contre la paix.

C'est un geste historique, la première fois qu'un chef d'État arabe tend la main à Israël depuis sa création. Cela débouchera sur la négociation de Camp David, en septembre 1978, où, dans cette résidence de week-end du président Jimmy Carter, MM. Sadate et Begin signent des accords qui vont :

1) permettre le retour du Sinaï à l'Égypte ;

2) établir des relations diplomatiques entre les deux pays ;

3) reconnaître « les droits légitimes » (mais non nationaux) des Palestiniens auxquels est proposé un régime d'autonomie substantielle en Cisjordanie et à Gaza.

Les accords sont massivement dénoncés dans le monde arabe (Sadate sera assassiné le 6 octobre 1981 par un islamiste) et rejetés par les Palestiniens – qui poursuivent leur guérilla contre l'État hébreu à partir du sud du Liban.

Le geste historique de Sadate

De la fantastique tribune universelle que lui offraient, au-delà des murs de la Knesset, les satellites mondiaux de télécommunications, le président Sadate a adressé à ses adversaires un discours d'une rare hauteur de vues, où les accents de ferveur religieuse venaient renforcer la rigueur de l'argumentation et la noblesse de l'inspiration. Il a reconnu avec éclat l'existence de l'État d'Israël, accepté à l'avance toutes les garanties qu'il pourrait souhaiter, balayé d'un souffle par instants prophétique les haines et les rancœurs d'une guerre de trente ans en prenant de tels risques personnels que le voici, comme l'écrit par boutade un quotidien britannique, à la fois candidat à la balle d'un terroriste et au prix Nobel de la paix.

Dans sa réplique, le Premier ministre israélien, tout en prenant acte d'un courage hors du commun, n'a pas voulu traiter au fond le problème posé par l'incroyable démarche de son hôte. Le vieux survivant du massacre de son peuple, marqué par trop de haines et d'épreuves et animé par une inébranlable certitude de son bon droit, a lui aussi parlé de la paix. Il l'a fait en termes émouvants, mais sans rien dire des deux conditions que le monde arabe met à un règlement : l'évacuation des territoires conquis en 1967 et la prise en considération des droits du peuple palestinien.

Les deux hommes ne semblaient même pas ébaucher un rapprochement sur la procédure du règlement. Menahem Begin s'est sans doute référé, comme le président égyptien, aux résolutions de l'ONU et à la conférence de Genève. Mais il a tant insisté sur les vertus des accords bilatéraux avec ses voisins qu'il a donné l'impression de souhaiter des « paix séparées » avec les belligérants et de vouloir exploiter des contradictions exacerbées par l'initiative du principal d'entre eux. En outre, s'il a dit que « tout est négociable », conformément à la position officielle de son pays, cette concession paraît bien formelle dès lors que, pour l'essentiel – renonciation à la Cisjordanie, où il ne veut voir que la Judée et la Samarie, israéliennes par définition, et reconnaissance des droits palestiniens –, rien n'est venu indiquer que le chef du Likoud soit prêt au compromis, qu'il a toujours frappé d'anathème.

En fait, ce n'est ni de la même paix ni de la même justice que l'on a parlé dimanche sous la coupole de la Knesset. Pour les Arabes, dont Anouar el-Sadate était – si vilipendée que soit ici et là sa démarche – le fidèle et éloquent porte-parole, la « juste paix » passe par la reconnaissance des « réalités » qu'a sanctionnées la communauté internationale. Pour Menahem Begin, justice ne sera rendue à Israël que s'il conserve, face à ses voisins, l'intégralité d'un patrimoine biblique reconquis de haute lutte. À ses yeux, il n'existe pas de fondement, et moins encore de légitimité, à la revendication palestinienne.

BULLETIN DE L'ÉTRANGER, *22 novembre 1977*

Le 6 juin 1982, le Premier ministre israélien Menahem Begin et son ministre de la Défense, Ariel Sharon, lancent Tsahal à l'attaque de l'OLP au Liban. M. Sharon parle d'une opération de quelques semaines.

C'est le début de cinq années de guerre qui verront se succéder massacres et tueries. Tsahal s'enlise dans un conflit terrible. À la fin de l'été, Yasser Arafat et l'OLP sont chassés de Beyrouth et s'installent plus au nord dans la région de Tripoli et dans plusieurs pays arabes. Le 16 septembre, l'armée israélienne entre à Beyrouth-Ouest, le 17 septembre, des milices chrétiennes pénètrent dans les camps de réfugiés de Sabra et de Chatila. L'armée israélienne laisse faire. La Croix-Rouge libanaise dénombre 328 cadavres ; selon les services de la protection civile, il y aurait eu 1 500 morts palestiniens et libanais.

David et sa fronde

Après les massacres commis par les miliciens dans les camps palestiniens de Sabra et de Chatila les 16 et 17 septembre 1982 et la mise en cause de l'armée israélienne accusée d'avoir laissé faire, une immense manifestation de protestation rassemble à Tel-Aviv 250 000 personnes.

Peu de peuples supportent longtemps que leurs dirigeants bafouent l'image qu'ils se forment d'eux-mêmes. Dans le silence humilié des dictatures, on répond à cet outrage par une colère sourde ou une passivité contrainte que le maître prend pour un acquiescement. Dans une démocratie, la rue précède l'isoloir, et le citoyen peut demander des comptes ailleurs que sur des calicots. Il est trop tôt pour dire si Menahem Begin, sommé d'en rendre, samedi, par la plus grande manifestation de l'histoire de son pays, perdra le pouvoir et si son peuple lui retirera sa confiance. L'émotion peut défaire ce que l'émotion a fait. Les enquêtes s'ensablent, les colères retombent, et les comptes à rebours les plus évidemment engagés ne vont pas toujours à leur terme.

Pourtant, dans l'histoire de l'État hébreu, ce samedi 25 septembre 1982 est, d'ores et déjà, une date d'une immense conséquence. Menahem Begin et Ariel Sharon ne peuvent s'en étonner. Même si, sur le plan politique, la division ou la faiblesse de leurs adversaires travaillistes leur permettrait de sauver la mise, ce qui vient de se passer en Israël marque le début d'une ère nouvelle. En voyant son Premier ministre et le responsable de sa défense glisser dans le sang des Palestiniens, le pays, bouleversé, a clamé ce qu'il refusait dans ses profondeurs. Du même coup, il a dissipé aux yeux du monde l'illusion, entretenue souvent par la malveillance, qui touchait à sa nature même.

En effet, la protestation de centaines de milliers d'Israéliens exprime beaucoup plus qu'un malaise. Elle sanctionne une transgression fondamentale du mythe fondateur de David et Goliath. Pour un petit État encerclé et haï, créé par les rescapés d'un génocide au bout d'une errance millénaire, la force est et demeure une exigence absolue. L'armée, plus qu'ailleurs confondue avec la nation, se trouve entourée d'une admiration et même d'une indulgence que renforcent, outre la menace extérieure, aujourd'hui déclinante, les souvenirs poignants des ghettos sans défense et d'un peuple aux mains nues allant à l'abattoir.

L'exaltation de Tsahal, de ses hauts faits, de sa supériorité évidente sur tous ses adversaires fait passer sur le rôle parfois peu reluisant que lui assigne un pouvoir obsédé par son rêve de « Grand Israël » et l'imposant dans les territoires occupés par la force des armes.

Dans l'inconscient collectif, Israël, enfin guerrier, tire de sa puissance plus de fierté que de complexes. Aux yeux de l'immense majorité de la population, sa cause est juste. Même dans ses opérations les plus contestables et les plus meurtrières – tel l'assaut de Beyrouth-Ouest, où, pour tuer des « terroristes », on acceptait de faire mourir des civils en bien plus grand nombre –, l'armée de l'État hébreu doit rester fidèle à une image : cette fronde dans la main d'un enfant que l'Éternel, dans sa justice, rend mortelle au géant du Mal.

Soudain, brisant le pacte, voici que les dirigeants de l'État compromettent l'armée dans un scandale sans précédent. On ne peut plus douter que des soldats d'Israël ont laissé sciemment, trente-six heures durant, comme le dit Menahem Begin, « *des non-juifs massacrer des non-juifs* ». Dans ce qu'il a de plus lucide et de plus exigeant, le pays n'accepte pas ce dont tant d'autres se sont accommodés. Ne supportant pas d'être « *comme les autres* », il proclame qu'existe « *un autre Israël* ».

Dans ce sursaut moral, une réflexion sur les limites de la force est enfin engagée. Si David et Goliath inversent leur rôle, si l'injustice change de camp, c'est que la force, qui peut tout, peut aussi altérer l'essentiel, sans quoi le reste n'est rien.

Les armes qui sauvèrent l'État vont-elles le rendre indigne d'être sauvé ? Le pouvoir ne peut esquiver la question qui, au-delà de sa politique, touche à la base même du pacte social.

Menahem Begin et Ariel Sharon, comme tant d'autres avant eux, ne voient sans doute dans ce débat que le tourment de belles âmes. En discréditant la force d'Israël, orgueil de la nation et instrument de son salut, en compromettant dans un pogrom la « *pureté des armes* », ils ont blessé la conscience même du peuple juif. Ils lui ont, du même coup, donné l'occasion de crier qu'il n'était pas ce qu'à la longue ses ennemis souhaitaient et ses amis déploraient qu'il devînt. Avec la fin d'un complexe, la levée d'une équivoque et le refus d'un travestissement, « un autre Israël » amorce désormais l'évolution sans laquelle il n'est pas de paix concevable au Proche-Orient.

Paul-Jean FRANCESCHINI, *28 septembre 1982*

Quinze mois plus tard, au Liban-Nord, après de violents combats avec les forces palestiniennes prosyriennes, 4 000 combattants du Fath, et Yasser Arafat, doivent quitter la région à bord de bateaux grecs escortés par des bâtiments de la marine française. Les combattants sont de fait dispersés. Une nouvelle forme d'expression de la révolte va commencer, l'Intifada ou la guerre des pierres. Les Palestiniens de l'intérieur, ceux de Jérusalem, de Cisjordanie et de Gaza se lancent dans un mouvement populaire anti-israélien qui va ébranler l'État hébreu.

La guerre du Golfe et les premiers signes d'une négociation au Moyen-Orient

Pour chasser les forces irakiennes du Koweït – qu'elles ont envahi en août 1990 –, le président George Bush constitue une large coalition, dans laquelle il intègre les plus grands pays arabes.

En contrepartie, il promet à Damas et au Caire de s'impliquer profondément dans la recherche d'une solution au conflit israélo-palestinien. La victoire remportée dans le Golfe, il organise, avec le coparrainage de Moscou, la conférence de Madrid qui, du 30 octobre au 3 novembre 1991, met face à face, dans deux forums séparés, Israël et des représentants palestiniens d'un côté, Israël et les pays arabes voisins de l'autre. C'est le début d'un long processus de négociations israélo-palestiniennes.

[illegible]

[illegible]

Depuis que la police a attaqué, le 29 septembre 2000, quelques centaines de manifestants sur l'esplanade des Mosquées — pour les Palestiniens, l'Haram [illegible] — [illegible] marche. [illegible] [illegible] Palestiniens [illegible] 13 [illegible] Israéliens. En décembre [illegible] tions. [illegible] tour de [illegible] tionnel [illegible] La provocation [illegible] durant [illegible] [illegible] provoqué une flambée de manifestations [illegible] siens) mais sans susciter l'attitude [illegible] fois par Yasser Arafat [illegible] C'est qu'entre-temps il y a eu l'échec de la négociation de Camp David (11-24 juillet). Comment en est-on arrivé là ?

L'« accord d'Oslo I » (13 septembre 1993) stipule en préambule qu'Israël et l'OLP « reconnaissent leurs droits légitimes et politiques mutuels, tentent de vivre dans une coexistence pacifique et dans la dignité et la sécurité mutuelles, et entendent instaurer une paix juste, durable et globale ainsi qu'une réconciliation historique ». Dès sa toute première phrase sont inscrits tous les espoirs et les ambiguïtés du « processus d'Oslo ». Les droits ? Pour [illegible]

II

LES NÉGOCIATIONS APRÈS 1991
JÉRUSALEM DANS LA NÉGOCIATION

De l'espoir d'Oslo au blocage de Camp David

Depuis que la police israélienne a tiré, le 29 septembre 2000, sur quelques centaines de manifestants sur l'esplanade des Mosquées, pour les Palestiniens, l'Intifada Al-Aksa est en marche. Le processus de paix est en lambeaux. Au 16 octobre, au moins 108 Palestiniens ont été tués (dont 13 « Arabes d'Israël ») et 9 Israéliens. On dénombre 3 000 blessés palestiniens. On en est, de part et d'autre, à l'union sacrée, au retour de la primauté de l'identitaire, le religieux et l'irrationnel ayant, dans beaucoup d'esprits, supplanté le politique. La provocation d'Ariel Sharon, pérorant la veille sur le Haram al-Sharif, ne suffit pas à expliquer ce basculement. Le percement d'un tunnel sous ce site, en septembre 1996, avait provoqué une flambée de manifestations (76 morts palestiniens), mais sans susciter l'attitude politique adoptée cette fois par Yasser Arafat ni ce niveau de répression israélienne. C'est qu'entre-temps a eu lieu l'échec de la négociation de Camp David (11-24 juillet). Comment en est-on arrivé là ?

L'« accord d'Oslo I » (13 septembre 1993) stipule, en préambule, qu'Israël et l'OLP « reconnaissent leurs droits légitimes et politiques mutuels, œuvrent dans le but de vivre dans un climat de coexistence pacifique, de respect et de sécurité mutuels, et entendent instaurer une paix juste, durable et globale ainsi qu'une réconciliation historique ». Dès sa toute première phrase sont inscrits tous les espoirs et les ambiguïtés du « processus d'Oslo ». Les droits ? Pour les

Israéliens, le mot clef est « légitime » : le peuple juif est chez lui en Eretz Israël. Pour les Palestiniens, ces droits sont d'abord « politiques » (retrait israélien, indépendance). Par coexistence, les Palestiniens entendent « respect », les Israéliens, « sécurité ». La paix ? Vue d'Israël, elle doit être « globale ». L'OLP la souhaite « juste », qu'Israël reconnaisse enfin ses responsabilités dans l'expulsion et la spoliation des Palestiniens.

Derrière les mêmes mots, chaque partie investit donc au départ un contenu très différent. En revanche, deux principes étaient mutuellement admis. Le premier résumait la philosophie des négociations dans la formule (non écrite) « la terre contre la paix ».

Le second consistait à régler les problèmes en avançant des plus simples aux plus ardus, afin d'instaurer progressivement un climat de confiance. Enfin la « période transitoire » amenant au « statut final » ne devait « pas excéder cinq ans ».

Élément clef de cette confiance, les délais, dès le départ, ne sont pas tenus. Le premier retrait de Tsahal de Gaza et Jéricho intervient cinq mois après la date prévue. Au-delà des bouleversements qui présideront aux accords intérimaires successifs – massacre des musulmans au caveau des Patriarches d'Hébron par le colon Baroukh Goldstein (25 février 1994), vagues d'attentats du Hamas (avril 1994, février-mars 1996), assassinat de Itzhak Rabin (4 novembre 1995), accession de Benyamin Nétanyahou (29 mai 1996) puis d'Ehoud Barak (17 mai 1999) au pouvoir – ceux-ci viendront toujours plus tardivement que prévu, et seront bien plus restrictifs que n'espéraient les Palestiniens.

À la source de ces lenteurs : l'incapacité palestinienne à fournir aux Israéliens les garanties sécuritaires, toujours plus grandes, qu'ils exigent ; et la conviction israélienne croissante qu'il faut en « lâcher » le moins possible avant d'aborder les questions de fond. Cinq accords – Le Caire (4 mai 1994), « Oslo 2 » (28 septembre 1995), Hébron (15 janvier 1997), Wye River (23 octobre 1998), Charm el-Cheikh (5 septembre 1999) – seront donc douloureusement négociés ou renégociés.

À l'ouverture de la conférence de Camp David, le 11 juillet 2000, où en est-on sur le terrain et sur le plan politique ?

Observateur à l'ONU sous le nom de « Palestine », l'Autorité palestinienne est *de facto* internationalement reconnue. Son État est en gestation, avec un gouvernement, un parlement, des polices. (En exigeant d'Arafat toujours plus de sécurité, les Israéliens ont aussi favorisé la constitution de formations palestiniennes armées, totalisant 50 000 hommes.) Israël a libéré plusieurs milliers de Palestiniens emprisonnés – mais pas tous ceux exigés par ses interlocuteurs. L'Autorité a obtenu un aéroport à Gaza et une route reliant les deux parties de son « entité ».

Chômage endémique

Mais, en sept ans, M. Arafat n'a acquis un contrôle réel que sur 70 % de Gaza (360 km^2), 13,1 % de la Cisjordanie (5 673 km^2) et rien à Jérusalem-Est, soit, au total, le contrôle de 20 % des territoires conquis par les Israéliens en juin 1967 (constituant eux-mêmes 22 % de la Palestine mandataire). La Cisjordanie est divisée en une multitude de « confettis » soumis à trois statuts différents : A (contrôle palestinien), B (où la sécurité reste aux mains israéliennes) et C (contrôle israélien). L'accord de Charm (non appliqué) prévoit que la zone A représentera 17,2 % du territoire, la zone B 23,8 % et la zone C 59 %. En revanche, hors Jérusalem, l'Autorité palestinienne exerce un pouvoir direct ou partiel sur 70 % de sa population.

La colonisation des territoires, elle, s'est poursuivie sous les gouvernements Rabin, Nétanyahou et Barak. Selon l'ONG israélienne BeTselem, 78 500 colons s'y sont installés depuis Oslo, et les autorités israéliennes y ont construit 11 190 nouveaux logements. Le nombre de colonies (regroupant 200 000 personnes) est passé de 122, en 1993, à 141, en 2000. Dans les territoires et à Jérusalem-Est, 895 maisons palestiniennes ont été détruites par l'armée (depuis 1988, 13 000 Palestiniens se sont retrouvés sans toit après une « *démolition administrative* ») ; 35 000 hectares ont été unilatéralement confisqués. Enfin, d'Oslo à Camp David, les Palestiniens ont subi, selon leur ministère du Travail, 331 jours de « bouclage » (324 selon le gouvernement israélien), qui s'ajoutent au chômage endémique et aux humiliations quotidiennes. Le bilan des victimes de sept ans de « paix » s'établit à 385 civils et 23 policiers palestiniens tués par les forces de l'ordre ou des colons israéliens ; 171 civils israéliens tués dans des attentats palestiniens et 92 soldats et policiers dans des affrontements.

Dernier élément, essentiel, à la veille de Camp David : Ehoud Barak et Yasser Arafat sont affaiblis. Le premier n'a plus de gouvernement majoritaire après la défection de six ministres. Et l'image de l'Autorité palestinienne, corrompue et brutale, est en baisse. Une part croissante des Palestiniens juge le bilan bien maigre en sept ans, face au maintien, pour l'essentiel, de l'occupation israélienne.

Que se passe-t-il à Camp David ? Depuis l'échec du sommet, aucun participant américain ou israélien n'a fourni le moindre compte rendu public. On ne dispose que d'un seul témoignage direct : celui d'Akram Haniyyé, membre de la délégation palestinienne, publié par le quotidien *Al Ayyam*. Que dit cette version des faits ?

1. Arafat, jugeant ce sommet très mal préparé, ne souhaitait pas s'y rendre. Des négociations secrètes venaient d'échouer à Stockholm et il avait prévenu Mme Albright : « *Nous avons des lignes rouges que nous ne transgresserons pas.* » Les émissaires américains n'ont pas tenu compte de ces mises en garde. Par « *incapacité à comprendre les spécificités de la réalité palestinienne* », Américains et Israéliens ont fait le pronostic que « *l'isolement, combiné à une formidable pression* », ferait plier Yasser Arafat. « *Il faut conclure sinon le gouvernement Barak va tomber* », répétaient les Américains. « *Clinton agita la carotte d'une aide considérable* », alors qu'en cas de rupture, les Palestiniens seraient « *isolés* ».

2. Les Américains n'ont pas joué un rôle de médiateur. « *La délégation eut en permanence le sentiment de se trouver face à une délégation conjointe israélo-américaine.* » « *Washington réclame [...] le même "degré de concessions" aux deux bords* », alors qu'ils « *ne sont pas à égalité, qu'il y a une victime et un occupant.* » Les négociateurs palestiniens considèrent par exemple inacceptable qu'on présente comme une grande concession de leur « restituer » des territoires qu'ils jugent leur appartenir en droit.

3. C'est sur la question des réfugiés que « *l'échec [fut] le plus complet* ». M. Barak « *refusa absolument* » de reconnaître

« *une quelconque responsabilité israélienne* » dans leur tragédie.

4. Concernant les frontières, Israël proposa d'annexer « 10 % à 13,5 % » de la Cisjordanie, les Américains abaissant la part à 9 %. Ces « *demandes avaient été gonflées pour être ultérieurement présentées comme de généreuses concessions* ». Manière d'admettre que l'Autorité palestinienne aurait pu récupérer plus encore de territoire. Mais Israël préservait l'essentiel du Grand Jérusalem, trois grands blocs de colonies et le gros des ressources hydrauliques.

5. Toutes les formules avancées sur Jérusalem visaient à maintenir la souveraineté israélienne sur la vieille ville et la majorité des villages alentour. « *Subitement,* rapporte toujours Akram Hanyyié, *ces laïcs se mirent à "parler fondamentaliste", l'accès à l'esplanade des Mosquées sous souveraineté israélienne se trouva au centre des revendications.* » Israéliens et Américains, « *en jouant la prééminence du religieux sur le politique, préparaient les explosions à venir* », assure-t-il. Pour mémoire, ce texte est publié sept semaines avant la « provocation » d'Ariel Sharon au mont du Temple.

Les Palestiniens rejetèrent toutes les propositions américaines de simple « tutelle palestinienne » sur le Haram al-Sharif ou d'une capitale qui n'inclue pas la ville arabe.

6. Tout au long, Yasser Arafat resta inflexible : d'abord le droit, les résolutions onusiennes 194, 242 et 338, impliquant le retrait des territoires conquis en 1967, et le droit au retour des réfugiés. Conclusion implicite d'Akram Haniyyé : la « fin du conflit » exigée par Ehoud Barak n'interviendra qu'après l'acceptation par Israël de deux des principes d'Oslo, les « droits politiques » et la « paix juste ».

Acquérir l'essentiel

Cette version des faits est évidemment destinée à l'opinion publique palestinienne (le quotidien *Al Ayyam* est très proche de l'Autorité). Elle occulte diverses autres propositions qui furent bel et bien discutées (comme l'octroi de territoires aux Palestiniens dans le Néguev en contrepartie des annexions israéliennes) et le fait que l'Autorité n'envisage pas un réel retour massif des réfugiés. Mais elle n'est, au fond, sans doute pas loin de la réalité, et d'ailleurs désormais confirmée par les diplomates israéliens qui ne disent plus, comme ils l'ont longtemps fait, qu'à Camp David les deux parties étaient « au bord » d'un accord. Ministre israélien des Affaires étrangères, Shlomo Ben Ami a répété à plusieurs personnes, depuis, qu'Américains et Israéliens n'ont cessé d'avancer des « propositions créatives » – celles recensées dans le témoignage palestinien et d'autres – et se sont heurtés au refus d'en débattre sans accord préalable sur les « principes ».

Ce texte, prémonitoire sur le risque explosif d'installer le religieux au cœur du conflit, montre surtout que, dès Camp David, les Palestiniens sont convaincus que leurs relations avec Israël entrent dans une ère nouvelle. « *Ce sommet n'a été qu'un cycle préparatoire pour de véritables négociations.* » Son échec doit « *inciter les Israéliens à abandonner leurs illusions que la partie palestinienne [est] prête à accepter n'importe quoi pourvu qu'elle soit soumise à la pression* ». L'objectif palestinien semble être désormais d'acquérir, par la révolte et/ou la négociation, l'essentiel de ce qu'ils n'ont pas obtenu à Camp David. Le risque qu'ils prennent est énorme. Mais quel est l'objectif politique des Israéliens, s'ils souhaitent encore, comme à Oslo, se dépêtrer du piège historique de l'occupation ?

Sylvain CYPEL, *17 octobre 2000*

Onze années de négociations parties en lambeaux

Onze années et un nombre incalculable d'heures de pourparlers, de médiations, d'accords intérimaires, pour une paix durable entre Arabes et Israéliens n'auront pas suffi. La région semble à nouveau à des années de l'apaisement.

Quel gâchis ! Il y a un peu moins de onze ans, fin octobre 1991, le monde s'extasiait devant ce qui tenait alors lieu de miracle : Arabes et Israéliens étaient assis autour d'une même table dans les salons du palais royal de Madrid, pour amorcer des négociations supposées conduire dans des délais raisonnables – du moins était-ce le vœu de tous – à un traité qui pacifierait enfin l'une des régions les plus meurtries du monde, par un conflit vieux de près de cinquante ans. Onze années et un nombre incalculable d'heures de pourparlers, de médiations, d'accords intérimaires, mais aussi de douloureux reports et revers plus tard, la région semble à nouveau à des années de l'apaisement. Certes, dans l'intervalle, la Jordanie et Israël ont conclu leur propre traité de paix et l'armée israélienne a fini par se retirer, vingt-deux ans après y avoir été enjointe par l'ONU, de la partie du Liban qu'elle occupait depuis 1978. La paix n'est pas pour autant conclue entre le Liban et Israël. Les négociations israélo-syriennes sont interrompues depuis le début de l'année 2000. Mais, surtout, les accords dits d'Oslo censés déboucher sur l'apurement du contentieux israélo-palestinien, qui est au cœur de la tourmente régionale, sont aujourd'hui bel et bien enterrés.

Lorsque, début mars 1991, dans la foulée de la libération du Koweït par une formidable armada conduite par les États-Unis, le secrétaire d'État américain, James Baker, s'était attelé à la recherche d'une solution du conflit israélo-arabe, l'administration républicaine ne partait pas de zéro. Deux ans plus tôt, M. Baker avait déjà tracé les grandes lignes de la politique proche-orientale du président George Bush (le père). C'était en mai 1989 : devant les représentants du plus puissant lobby pro-israélien américain, l'Aipac, M. Baker avait invité Israël à « *laisser de côté, une fois pour toutes, sa vision du Grand Israël* », à renoncer à l'annexion des territoires palestiniens occupés en 1967 et à « *mettre fin à la colonisation* ». C'était la première prise de distance d'une administration américaine avec les positions israéliennes, sans que cela ait jamais signifié une remise en cause de l'alliance stratégique entre les deux pays. Écartant l'idée de la création d'un État palestinien indépendant, M. Baker avait invité les Palestiniens des territoires occupés et l'État juif à négocier pour construire un avenir meilleur. L'Organisation de libération de la Palestine (OLP) était totalement ignorée ; mais il ne faisait pratiquement pas de doute que ce raisonnement tenait compte de la proclamation, quelques mois plus tôt, par cette même OLP, d'un État palestinien virtuel aux côtés d'Israël – ce qui équivalait à un renoncement à la récupération de la totalité de la Palestine du mandat.

La victoire sur l'Irak en février 1991, la dette politique contractée par l'ensemble de la région envers les États-Unis, l'isolement de l'OLP accusée d'avoir soutenu Bagdad dans son conflit avec le Koweït et l'effondrement de l'Union soviétique, qui n'existait plus que sur le papier, plaçaient Washington en position dominante pour lancer un projet de pacification d'une zone, le Proche-Orient, où certains de ses intérêts stratégiques étaient menacés, fût-ce virtuellement. C'est ainsi que, au terme de plusieurs navettes, de retours en arrière et de petites avancées, en usant de persuasion et de fermeté, y compris vis-à-vis d'Israël, James Baker avait réussi à jeter les fondements d'un processus de négociations, destiné à sceller la paix régionale.

Des lettres d'invitation furent lancées à toutes les parties directement concernées par le conflit (Israël, la Syrie, la Jordanie, le Liban et les Palestiniens) à participer, dans la capitale espagnole, à une conférence générale pour le lancement du processus de paix. L'invitation était assortie de lettres dites « d'assurances », qui posaient, entre autres, les bases des négociations bilatérales à venir acceptées par toutes les parties concernées : les résolutions 242 et 338 du Conseil de sécurité de l'ONU et le principe de l'échange des territoires contre la paix. Et, parce que le contentieux entre Israël et les Palestiniens était particulièrement lourd, les deux parties étaient d'emblée invitées à procéder par étapes, à conclure un accord intérimaire qui préparerait le terrain pour un traité définitif et la fin du conflit.

C'est ainsi que, le 30 octobre 1991, le processus de paix fut porté sur les fonts baptismaux, sous le coparrainage des présidents George Bush et Mikhaïl Gorbatchev et en la présence de représentants de plusieurs États arabes, de l'Union européenne et des Nations unies. Les Palestiniens faisaient certes partie d'une délégation commune avec la Jordanie, mais ils bénéficiaient d'un droit à la parole égal à celui des autres délégations. Officiellement, l'OLP était exclue, mais ce n'était un secret pour personne que rien n'avait pu se faire sans son accord, que tout avait été préparé sous ses directives. Il était également de notoriété publique que nombre de conseillers de la délégation palestinienne – exclusivement composée de représentants de la Cisjordanie relevaient eux aussi, à des titres divers, de la ce tinienne. Et pour que nul n'en ignore, c'est de cett que s'était solennellement réclamé, dans son discour de la délégation palestinienne, le vieux militant natio Haïdar Abdel Chafi. L'atmosphère de la conférence étai ciale, et les travaux se sont limités à une succession de d cours, qui étaient autant d'exposés des exigences et des droi des uns et des autres.

Fin du premier acte. Très vite, les pourparlers bilatéraux qui s'étaient ouverts le 3 novembre dans la capitale espagnole furent transférés à Washington, avec, dans le rôle de « facilitateurs », les diplomates américains chargés du dossier. Un peu moins rapidement et à force de ténacité, les Palestiniens finirent par obtenir la levée de la tutelle jordanienne imposée, pour négocier leur avenir en tête à tête avec les Israéliens. Pendant des semaines et sur tous les volets – syrien, jordanien, libanais et palestinien –, les négociations butèrent sur les positions de principe, jusqu'à l'annonce en août 1993 – qui prit de court tout le monde, les délégués palestiniens en premier – d'un accord israélo-palestinien intérimaire, négocié dans le plus grand secret à Oslo. Il s'agit de la fameuse Déclaration de principes, qui allait être signée en grande pompe le 13 septembre 1993 sur la pelouse de la Maison-Blanche.

Dans l'intervalle, Israël s'était doté d'un nouveau Premier ministre, le travailliste Itzhak Rabin, au terme d'élections législatives qui avaient écarté du pouvoir Itzhak Shamir, le chef de la droite, dont la devise était de faire en sorte qu'il y ait « *beaucoup de processus et pas de paix* ». Aux États-Unis, le démocrate Bill Clinton avait succédé à George Bush.

La clef de voûte de la Déclaration de principes, plus connue sous l'appellation « accords d'Oslo », tient dans la reconnaissance par les deux parties de leurs « droits mutuels légitimes et politiques » et dans la reconnaissance mutuelle, contenue dans un échange de lettres, entre l'État d'Israël et l'OLP. Conformément aux règles de base du processus de paix, ces accords posaient les modalités et le calendrier de la mise en place progressive d'une période intérimaire d'autonomie des territoires palestiniens, qu'il s'agisse du retrait, par étapes, des troupes israéliennes – en commençant puis la ville de Jéricho, en Cisjor- allèle des pouvoirs civils et de police élection d'un Conseil législatif pales-

un délai pour le début des négo- itif des territoires – « *dès que pos-* *i 1996* » –, dont elles établissaient du jour : « *Les questions en sus-* *alem, les réfugiés, les implantations, les* *de sécurité, les frontières, les relations et la coo-* *pération avec les pays voisins, et d'autres questions d'intérêt* *commun.* » Étant entendu, indiquait le texte, que la période intérimaire est d'une durée de cinq ans et que, en attendant un accord sur le statut permanent, rien ne devait être entrepris par les deux parties qui préjugerait du résultat de la négociation.

Nul ne prévoyait que la marche vers la paix serait une promenade de santé. Mais de tous ceux qui s'étaient penchés sur le berceau du processus de paix, nul n'avait vu – ou n'avait voulu voir – les risques réels d'échec dont les difficultés ultérieures étaient porteuses. Chacun et tous se gargarisaient à l'idée que le processus était « irréversible ». Or, d'entrée de jeu, les retards se sont accumulés. Les accords d'Oslo sont entrés en vigueur le 13 octobre 1993, mais il a fallu attendre le 4 mai 1994 pour que soit signé, lors d'un sommet israélo-palestinien réuni au Caire, l'accord sur la bande de Gaza et la ville de Jéricho, dit « Gaza-Jéricho d'abord », ou Oslo I.

Aucune date n'est sacrée, affirmait M. Rabin, mais ce premier décalage a entraîné *de facto* une série d'autres, aggravés par les difficultés de la négociation proprement dite et la dégradation de la situation sur le terrain : du meurtre, en février 1994 par un colon israélien de vingt-neuf musulmans en prière au caveau des Patriarches à Hébron, suivi, en représailles, du premier attentat suicide du Mouvement de la résistance islamique Hamas ; de l'assassinat de Itzhak Rabin en novembre 1995 par un extrémiste juif aux nouveaux attentats suicides du Hamas en février 1996, après le meurtre par l'armée israélienne d'un responsable du mouvement, en passant par deux séquences d'élections législatives anticipées en Israël, qui ont amené successivement au pouvoir un Premier ministre de droite, Benyamin Nétanyahou, en 1996, et un autre travailliste, Ehoud Barak, en 1999, tous deux rétifs – dès le départ – aux accords d'Oslo. Sans oublier la construction, ininterrompue, de colonies de peuplement dans les territoires occupés, les « bouclages » à répétition qui asphyxiaient les territoires palestiniens.

De mai 1994 à septembre 1999, il aura fallu pas moins de cinq nouveaux mémorandums pour l'application des seuls accords d'autonomie d'accords déjà conclus. Un Conseil législatif a bien été élu, une Autorité palestinienne mise sur pied et les grandes villes palestiniennes confiées à l'autorité civile, administrative et policière du gouvernement palestinien – c'est la zone A ; le reste des territoires obéit à deux autres découpages : certaines zones sont sous contrôle politique et administratif de l'Autorité, mais c'est Israël qui y assure la sécurité – c'est la zone B ; d'autres sont en zone C, c'est-à-dire toujours entièrement sous contrôle israélien. Ce morcellement s'est doublé d'une interdiction pour les Palestiniens de Cisjordanie de se rendre à Jérusalem-Est ou encore à Gaza, de routes de contournement destinées à assurer la sécurité des colonies de peuplement. La confiance réciproque s'est considérablement érodée. Côté palestinien, loin de voir ses conditions de vie s'améliorer, la population n'a pu jouir d'aucuns dividendes d'un processus censé lui permettre de vivre normalement.

C'est dans ces conditions que s'était ouvert le troisième acte : le sommet israélo-palestinien de Camp David, sous l'égide de Bill Clinton. Après avoir cherché, sans succès, à donner la priorité au volet syrien de la négociation, Ehoud Barak s'était replié, au printemps 2000, sur le dossier palestinien, à un moment où le calendrier de la négociation avait déjà été totalement bafoué. M. Barak avait une idée en tête, conclure le plus rapidement possible et parvenir à un accord sur la fin du conflit, alors que les engagements pris en vertu des accords intérimaires n'avaient pas encore été remplis. Bill Clinton était sur la même longueur d'onde, qui voulait terminer en apothéose son second mandat, venant à échéance quelques mois plus tard. Les mises en garde palestiniennes avertissant que les choses n'étaient pas mûres pour une rencontre conclusive n'ont pas été prises en considération. Le sommet a été convoqué par M. Clinton pour le 11 juillet.

Alors même que les deux parties n'avaient encore jamais sérieusement débattu des questions les plus difficiles inscrites à l'ordre du jour des pourparlers sur le statut définitif des territoires, qu'il s'agisse de Jérusalem-Est, des réfugiés, de la colonisation, MM. Clinton et Barak pensent pouvoir boucler le dossier lors d'une négociation marathon à huis clos de quelques jours. Les « paramètres » proposés par M. Clinton aux deux parties étaient un tout à prendre ou à laisser. Le sommet n'a donné aucun résultat. Israël affirme qu'il a « offert » aux Palestiniens un pont d'or qu'ils ont rejeté.

Cette version a été aussitôt contestée par les Palestiniens dont l'un des négociateurs, Akram Haniyyé, a publié un procès-verbal de la rencontre. Une enquête menée par *Le Monde* auprès des différentes parties montre une réalité nuancée. En juillet 2001, Robert Malley, conseiller du président Clinton qui participait aux pourparlers, a démonté quelques « mythes » à propos de Camp David. M. Barak a fait à Camp David des propositions qu'aucun Premier ministre israélien avant lui n'avait faites et a brisé des tabous. Les Palestiniens ont fait des concessions mais les propositions qui leur ont été faites par Israël étaient en deçà de leurs aspirations.

En décembre, lors de négociations qui ont eu lieu à Taba, en Égypte, les deux parties ont pu réduire le fossé qui les séparait. Ces négociations ont été interrompues en janvier 2001, à la demande de la partie israélienne en raison de l'imminence d'élections législatives anticipées. Entre-temps, la visite d'Ariel Sharon, alors chef de l'opposition de droite, sur l'esplanade des Mosquées à Jérusalem le 28 septembre 2000 avait encore accentué la colère palestinienne – qui prit la forme de l'Intifada Al-Aqsa.

Depuis, le problème n'est plus traité que sous l'angle du rétablissement de la sécurité. Les seuls documents de référence sont désormais un plan de sortie de crise élaboré en mai 2001 par une commission multinationale conduite par l'ancien sénateur américain George Mitchell et un autre de cessez-le-feu élaboré en juin par le directeur de la CIA, George Tenet.

Le président George W. Bush et son entourage se sont presque totalement désengagés du processus politique et ont systématiquement considéré les actions militaires israéliennes contre les Palestiniens comme de légitimes opérations de sécurité. M. Bush n'a même pas eu à ce jour une conversation téléphonique avec M. Arafat, alors qu'il a déjà reçu à six reprises le Premier ministre israélien, Ariel Sharon. Sans aller jusqu'à déclarer M. Arafat « hors jeu », comme l'aurait voulu M. Sharon, l'administration américaine a laissé les coudées franches au Premier ministre israélien, qui affirme mener contre l'Autorité palestinienne la même guerre que Washington conduit contre le terrorisme d'Al-Qaida. À la mi-avril, tous les symboles de l'Autorité palestinienne avaient été détruits par l'armée israélienne. Des villes autonomes ont été réoccupées. Le président palestinien, placé en résidence forcée à Ramallah dès le 3 décembre 2001, est assiégé par Tsahal depuis le 29 mars 2002.

C'est seulement en novembre 2001 que M. Bush a brossé sa « vision » politique d'un Proche-Orient où deux États, la Palestine et Israël, vivraient côte à côte. C'est fin mars que les États-Unis ont co-inspiré et voté une résolution en ce sens au Conseil de sécurité de l'ONU. Voter n'est pas encore agir.

Mouna NAIM, *18 avril 2002*

Quelques légendes sur l'échec de Camp David

Il y a tout juste un an, le président Bill Clinton, le Premier ministre d'Israël de l'époque, Ehoud Barak, et le président de l'Autorité palestinienne, Yasser Arafat, se retrouvaient à Camp David pour ce que beaucoup considèrent, avec le recul, comme un tournant dans les relations israélo-palestiniennes. De la droite à la gauche, des faucons aux colombes, s'élève un chœur inhabituel d'opinions unanimes, ici comme en Israël : Camp David fut, dit-on, une épreuve dont M. Barak est sorti gagnant et M. Arafat perdant. Alors qu'on leur offrait près de 99 % de leur rêve, estime-t-on, les Palestiniens ont dit « non » et exigé davantage. Pis, ils n'ont fait aucune concession, adoptant une attitude sans compromis, révélatrice de leur refus de vivre en paix avec un État juif à leurs côtés.

Je faisais partie de l'équipe américaine de Camp David et, moi aussi, j'ai été déçu, presque au désespoir, par la passivité des Palestiniens, leur incapacité à saisir ce moment. Mais il est inutile – et extrêmement préjudiciable – d'ajouter aux erreurs réelles toute une série de légendes. Voici les mythes les plus dangereux que l'on répand volontiers aujourd'hui sur le sommet de Camp David.

— Mythe n° 1 : Camp David a été un test significatif des intentions réelles d'Arafat.

Or M. Arafat nous a déclaré à de multiples occasions ne pas vouloir se rendre à Camp David. Il estimait que les négociateurs israéliens et palestiniens n'avaient pas suffisamment réduit le fossé qui séparait leurs positions. Une fois sur place, il a bien fait comprendre, par ses commentaires, qu'il se sentait à la fois éloigné du monde arabe et en position d'isolement, en raison des relations étroites qu'entretenaient Israéliens et Américains. De plus, le sommet a eu lieu au moment le plus bas de ses rapports avec M. Barak – avec lequel il était censé conclure un accord historique. C'est qu'un certain nombre d'engagements des Israéliens n'avaient toujours pas été tenus, parmi lesquels leur retrait, constamment reporté, de certaines parties de la Cisjordanie et le transfert aux Palestiniens du contrôle des villages jouxtant Jérusalem. Yasser Arafat a cru qu'Ehoud Barak ne cherchait qu'à se soustraire à ses obligations.

Il fallait aussi une bonne dose d'optimisme – de la part de M. Barak comme des États-Unis – pour imaginer que le conflit, vieux de cent ans, entre Juifs et Palestiniens vivant dans la région, qui a fait des centaines de milliers de victimes, pouvait être résolu en quinze jours sans qu'aucune des questions essentielles – concernant le territoire, les réfugiés ou le sort de Jérusalem – ait d'abord été discutée par les dirigeants des deux camps.

— Mythe n° 2 : l'offre israélienne répondait à la plupart, voire à toutes les aspirations légitimes des Palestiniens.

Certes, les propositions faites à la table des négociations allaient plus loin que tout ce qu'aucun dirigeant israélien avait jamais débattu jusqu'alors – que ce soit avec les Palestiniens ou avec Washington. Mais, du point de vue des Palestiniens, ce n'était pas là l'offre rêvée que l'on a dite. Pour accueillir ses colons, Israël devait annexer 9 % de la Cisjordanie ; en échange, le nouvel État palestinien exercerait sa souveraineté sur des terres israéliennes à proprement parler dont la superficie serait égale au neuvième du territoire annexé. Un État palestinien couvrant 91 % de la Cisjordanie et de Gaza, c'était plus que ce que la plupart des Américains et des Israéliens estimaient possible jusqu'alors. Mais comment Yasser Arafat allait-il expliquer à son peuple le rapport défavorable de 9 à 1 dans l'échange des terres ?

À Jérusalem, la Palestine aurait eu la souveraineté sur de nombreux quartiers arabes de la partie est de la cité et sur les quartiers musulmans et chrétiens de la vieille ville. Elle aurait joui de la tutelle sur le Haram el-Charif, le Noble Sanctuaire, troisième lieu saint de l'islam, tandis qu'Israël aurait exercé, pour sa part, une souveraineté totale sur le site auquel les Juifs donnent le nom de mont du Temple. C'était, ici aussi, beaucoup plus qu'il n'était imaginable quelques semaines à peine auparavant – une proposition très difficile à accepter pour le peuple israélien. Mais comment M. Arafat pouvait-il justifier devant son peuple qu'Israël conserve la souveraineté sur certains quartiers arabes de Jérusalem-Est, sans parler du Haram el-Charif ? Quant à l'avenir des réfugiés – le cœur du problème, pour beaucoup de Palestiniens –, les conceptions présentées faisaient vaguement état d'une « solution satisfaisante », ce qui laissait craindre à Yasser Arafat de devoir donner son accord en dernière minute à une proposition inacceptable.

— Mythe n° 3 : les Palestiniens n'ont fait aucune concession de leur côté.

Beaucoup se sont ralliés à l'idée que le rejet par les Palestiniens des propositions de Camp David révélait un refus profond du droit à l'existence d'Israël. Mais considérons les faits : les Palestiniens ont plaidé pour la création d'un État de Palestine sur la base des frontières du 4 juin 1967, à côté d'Israël. Ils ont accepté le projet d'une annexion israélienne de terres en Cisjordanie pour certaines des colonies de peuplement israéliennes. Ils ont accepté le principe de la souveraineté israélienne sur les quartiers juifs de Jérusalem-Est – quartiers qui ne faisaient pas partie d'Israël avant la guerre des Six-Jours en 1967. Et, tout en insistant sur la reconnaissance du droit au retour des réfugiés, ils ont accepté que celui-ci soit appliqué de façon à ménager les intérêts démographiques et la sécurité d'Israël en limitant leur nombre. Aucun des pays arabes qui ont négocié avec Israël – que ce soit l'Égypte de Anouar El Sadate ou la Jordanie du roi Hussein, sans parler de la Syrie de Hafez El Assad – n'a jamais été près ne serait-ce que d'envisager de tels compromis.

Si l'on veut conclure la paix, on ne peut tolérer que ces mythes propagés sur la négociation de Camp David passent, chaque jour un peu plus, pour la réalité de ce qui s'est passé à ce sommet. Les faits n'indiquent, cependant, aucun manque de prévoyance, aucune absence de vision de l'avenir de la part d'Ehoud Barak, qui a par ailleurs fait preuve d'un courage politique hors du commun. Les concessions d'Israël ne doivent pas se mesurer au chemin parcouru depuis son propre point de départ, mais aux progrès réalisés en direction d'une solution juste.

Les Palestiniens n'ont pas assumé leurs responsabilités historiques lors du sommet, eux non plus. Je pense qu'ils regretteront longtemps leur incapacité à répondre au président Clinton par des propositions plus ouvertes et globales – à Camp David et après.

Enfin, Camp David ne s'est pas tenu dans la précipitation. On peut reprocher au sommet d'avoir été mal préparé, d'avoir été trop peu formel, d'avoir manqué de vraies positions de repli, mais sûrement pas d'avoir été prématuré. Dès le printemps 2000, n'importe quel analyste israélien, palestinien ou américain sérieux prédisait une explosion de violence palestinienne en l'absence d'une avancée majeure du processus de paix. Oslo avait suivi son cours ; la décision de s'attaquer au délicat problème du statut définitif des territoires est plutôt venue trop tard que trop tôt.

La façon dont les deux camps ont choisi de considérer ce que le passé a été déterminera en grande partie leur comportement de demain. Si elles ne sont pas contestées, les interprétations de chacun vont progressivement se durcir pour donner des versions divergentes de la réalité et des vérités inexpugnables – l'idée, par exemple, que Yasser Arafat est incapable de parvenir à un accord final ou qu'Israël a l'intention de perpétuer un régime d'oppression. Tandis que, de part et d'autre, on continue de débattre de ce qui a fait capoter Camp David, il est important que les leçons de ce sommet soient tirées.

Robert Malley, traduit de l'américain
par Sylvette Gleize, *17 juillet 2001*

Robert Malley est ancien conseiller spécial du président Bill Clinton pour les questions israélo-arabes. Il est membre d'honneur du Council for Foreign Relations de New York.

Les progrès sans suite des négociations de Taba
Retour sur une négociation

En ce temps-là, les Israéliens et les Palestiniens négociaient. La publication par le quotidien *Haaretz* (le plus prestigieux quotidien du pays), jeudi 14 février, des minutes des discussions de Taba, les dernières négociations en date entre les deux parties, a permis de mesurer le chemin parcouru en un an, malheureusement à rebours.

Le document, très détaillé, a été rédigé par l'envoyé spécial européen Miguel Moratinos. Ce dernier n'assistait pas aux discussions tenues au mois de janvier, en Égypte, quelques jours avant la défaite d'Ehoud Barak face à Ariel Sharon, mais le diplomate espagnol se faisait « débriefer » systématiquement par les négociateurs. M. Moratinos a multiplié les navettes entre les deux parties dans les semaines qui ont suivi pour parvenir à cette synthèse, conservée pour mémoire.

Le document passe en revue les principaux sujets du contentieux : les frontières de l'État palestinien à venir, le sort des colonies israéliennes, la question des réfugiés palestiniens et le statut de Jérusalem. Sa lecture témoigne de divergences persistantes entre les parties mais démontre que des avancées considérables ont alors été effectuées par rapport aux discussions infructueuses de Camp David, en juillet 2000.

À Taba, selon M. Moratinos, les Palestiniens ne se contentent pas de critiquer les positions israéliennes, mais présentent leurs propositions, leurs cartes. Cela vaut tout particulièrement pour le tracé des frontières. Le texte stipule que « les deux parties acceptent que, conformément à la résolution 242 des Nations unies, la ligne du 4 juin 1967 soit la base pour les frontières entre Israël et l'État de Palestine ». Une avancée considérable pour les Palestiniens. En revanche, des divergences persistent à propos des colonies. Si le principe de l'évacuation totale de Gaza fait l'objet d'un consensus, tout comme le démantèlement des implantations de la vallée du Jourdain, les Israéliens entendent maintenir quelques blocs importants en Cisjordanie et proposent à cet effet d'en annexer 6 % (compensés par des échanges de terres) alors que les Palestiniens ne sont prêts à accepter que 3,1 %.

Jérusalem « ville ouverte »

Concernant Jérusalem, les deux parties entérinent les idées avancées par le président Bill Clinton (souveraineté palestinienne dans les zones peuplées en majorité de Palestiniens, souveraineté israélienne dans les zones peuplées en majorité d'Israéliens). Si des divergences demeurent pour certaines colonies israéliennes du Grand Jérusalem, le principe de la division de la vieille ville est accepté. Déclarée « ville ouverte », elle serait la capitale des deux États, « Yerushalaim, capitale d'Israël, et Al Qods, capitale de l'État de Palestine ». Les deux parties, enfin, s'accordent à reconnaître leur souveraineté sur leurs lieux saints respectifs. La délimitation du mur des Lamentations continue toujours de poser problème.

Enfin, sur la question des réfugiés palestiniens, les deux parties énumèrent une série de solutions possibles : le retour (en Israël, dans les territoires israéliens destinés à être échangés, et dans l'État palestinien), l'installation dans le pays d'accueil actuel ou l'émigration vers un autre pays. Aucun chiffre précis n'est avancé par les Palestiniens. En revanche, les Israéliens parlent de 25 000 à 40 000 personnes autorisées à revenir en Israël au cours des cinq premières années.

Comme l'avait révélé *Le Monde diplomatique*, en septembre 2001, les Israéliens proposent en outre de reconnaître

« la tragédie des réfugiés palestiniens », selon une formulation qui reste en revanche à préciser.

Gilles PARIS, *19 février 2002*

Pour éclaircir le débat

En juin 2001, l'ambassadeur d'Israël à Paris, Élie Barnavi, a livré une série de détails quant aux ultimes négociations israélo-palestiniennes, tenues à Taba, en Égypte, du 21 au 27 janvier 2001. Il ressort de ses propos que les Israéliens y auraient fait des propositions qui allaient au-delà de celles présentées en juillet 2000, au sommet de Camp David.

Israël avait proposé alors de restituer au futur État palestinien 91 % des territoires occupés en juin 1967, plus 1 % de territoire israélien, en compensation des 9 % annexés par Israël. Le président américain, Bill Clinton, avait, lui, avancé le chiffre de 95 % de territoires à restituer. À Taba, selon M. Barnavi, Israël a proposé de « *rendre aux Palestiniens 97 % de territoires plus 3 % de territoires israéliens. Soit l'équivalent de 100 % des territoires* » conquis en 1967. Une solution « sémantique » aurait également été trouvée sur la question des réfugiés palestiniens. Son règlement aurait été fondé sur la reconnaissance formelle par Israël de leur « droit au retour », tel que défini dans la résolution 194 des Nations unies. Mais ce droit n'aurait été applicable que sur le territoire de l'État palestinien, Israël acceptant le retour d'un nombre très restreint de réfugiés « pour raisons humanitaires ».

Enfin, selon M. Barnavi, Israël aurait présenté trois options permettant, de son point de vue, de régler la question de la souveraineté sur le mont du Temple-esplanade des Mosquées, à Jérusalem-Est, en admettant une souveraineté palestinienne sans renoncer à sa propre souveraineté.

— Une « souveraineté partagée », dans le cadre d'une « administration conjointe » de l'endroit ;

— Une « souveraineté divine », consistant en une sorte d'extraterritorialité des lieux ; dans la pratique, Israël administrerait le mur des Lamentations et la Palestine l'esplanade des Mosquées ;

— Une « internationalisation du bassin sacré » (l'ensemble des Lieux saints, juifs, musulmans et chrétiens), qui serait administré par un « pool de pays ».

Israël, a jugé l'ambassadeur, est « *parvenu à la limite extrême des concessions envisageables* » lors de ces négociations. Il a accusé M. Arafat de les avoir fait capoter, alors que des négociateurs palestiniens souhaitaient aboutir, tout en estimant que le Premier ministre de l'époque, Ehoud Barak, n'aurait pas obtenu le soutien de son opinion publique si un accord était intervenu sur ces bases.

Interrogé à Paris, où il participait à un forum à l'Unesco, le ministre de la Coopération internationale de l'Autorité palestinienne, Nabil Chaath, qui a participé aux négociations de Taba, a confirmé plusieurs points soulevés par Élie Barnavi. « *Oui*, dit-il, *nous avons été beaucoup plus loin à Taba qu'à Camp David.* » Ainsi, les Israéliens acceptaient d'inscrire la résolution 194 avalisant le droit au retour des réfugiés dans un accord, mais la discussion n'a pas été suffisamment loin sur l'« aménagement » pratique de ce principe.

Concernant les frontières de l'État palestinien, M. Chaath affirme que la proposition israélienne ne parvenait pas à l'équivalent de 100 % des territoires conquis en 1967, mais à 97 % (soit 94 % plus 3 % de territoire israélien rétrocédé). « *Ce qui est déjà bien plus qu'à Camp David* », ajoute Nabil Chaath. Enfin, concernant Jérusalem, « *l'internationalisation du bassin saint n'a jamais été sérieusement évoquée* ». Les Israéliens, dit-il, voulaient « *toute la souveraineté du sous-sol plus la souveraineté sur le sol de la totalité du mur occidental* » (qui déborde au-delà du mur des Lamentations).

Quant à l'arrêt des négociations, M. Chaath présente une version exactement inverse de celle d'Élie Barnavi. « *À Camp David, c'est nous qui avons dit non. À Taba, c'est Israël. Nous voulions poursuivre, Barak a dit à ses négociateurs d'arrêter. Il jugeait ne plus avoir de légitimité, ni à la Knesset, ni dans l'opinion, pour signer ne serait-ce qu'un bilan écrit des négociations. Et les militaires ont fait pression sur lui, expliquant qu'un accord à Taba faisant plus de concessions qu'à Camp David aurait, de fait, politiquement légitimé l'Intifada. Yossi Beilin et Amnon Shahak voulaient poursuivre, mais Gilad Sher et Shlomo Ben Ami, sur ordre d'Ehoud Barak, ont mis fin aux pourparlers.* »

Selon Élie Barnavi, de nouvelles négociations israélo-palestiniennes ne pourraient pas « *reprendre à partir de Taba [...]. Mais si nous (les Israéliens) voulons conclure une paix avec les Palestiniens* », sachant qu'« *on ne s'en tirera pas sans l'appui de la communauté internationale* », il faudra « *aboutir à quelque chose qui ressemblera à Taba* ».

Sylvain CYPEL, *20 juin 2001*

Le travail de fourmis de Michael et Diana, juristes palestiniens qui veulent expliquer Taba

L'un était à Camp David, l'autre à Taba. Michael Tarazi et Diana Nazic Buttu, deux jeunes juristes palestiniens, ont conseillé les représentants palestiniens lors des négociations avec les Israéliens, en 2000 et 2001. Ils ont « tout vu, tout entendu ». Depuis, las des « contrevérités » et des « mythes » colportés dans l'opinion publique israélienne, et en dépit des violences persistantes entre les deux camps, ils ont engagé un travail de fourmis, sillonnant Israël à la rencontre de citoyens désireux de comprendre le point de vue palestinien. Leurs passeports américain et canadien leur facilitent les déplacements.

« *On n'en pouvait plus d'entendre toujours les mêmes reproches : "On vous a tout offert à Taba et vous avez refusé", "C'est bien la preuve que vous ne voulez pas la paix"*, indique M. Tarazi. *Au printemps 2001, avec l'accord de l'OLP, on a mis sur pied ces séances d'explication.* » Elles se déroulent chez des particuliers, à l'université ou, comme ce mardi 19 février à Givat Haviva, dans un centre qui prône la coexistence entre Juifs et Arabes.

Devant une soixantaine d'Israéliens juifs et arabes, les deux VRP palestiniens déploient une carte établie à partir des propositions de Camp David. Pendant plus de deux heures, ils vont s'attacher à démontrer que l'échec de Taba n'est pas de leur fait, rappeler les raisons qui ont fait exploser l'Intifada et dire les attentes de leurs responsables politiques. M. Tarazi assure que Camp David n'assurait aux Palestiniens ni la « viabilité » ni « l'indépendance » de leur futur État. « *Les colons demeuraient dans les zones de Cisjordanie où il y a le plus de ressources en eau, Jérusalem restait encerclée de poches israéliennes et les réfugiés ne pouvaient pas revenir en Israël* », résume-t-il dans un anglais appliqué.

Ce dernier point suscite le plus grand nombre d'inquiétudes dans l'assistance. Évoquant la « *peur irrationnelle* » que l'éventuel retour des réfugiés provoque en Israël, Esther, une habitante juive des environs, se fait interrompre par un « *juif réfugié de Syrie* ». « *Israël est notre terre, donnée par l'ONU. Si les Arabes reviennent, c'en est fini du caractère juif de l'État* », assène-t-il. « *Savez-vous exactement combien de réfugiés souhaiteraient revenir ?* » lance une voix inquiète.

À chacun, les représentants de l'OLP tentent d'apporter une réponse argumentée. « *Nous voulons avant tout qu'un accord offre aux réfugiés un large choix : revenir dans un État palestinien, obtenir la nationalité du pays où ils sont réfugiés (pour le cas particulier du Liban), rejoindre un pays tiers, ou s'installer en Israël en étant conscients qu'il ne s'agit pas d'un retour dans le village de leurs grands-parents.* » « *La question du nombre est impossible à trancher tant que nous ne pouvons pas proposer des solutions précises aux réfugiés* », insiste Mme Nazic Buttu.

Le public s'étonne aussi que les avancées des négociations de Taba n'aient pas mis fin à l'Intifada. M. Tarazi s'efforce de convaincre. « *Arafat n'a pas appuyé sur un bouton pour déclencher l'Intifada. [...] Elle s'est installée à cause des frustrations des Palestiniens depuis les accords d'Oslo. Sur le terrain ils ont vu davantage de barrages, le doublement du nombre de colons.* »

Au chapitre des solutions, Mme Nazic Buttu rencontre le consensus du public : mettre fin à l'occupation, lier discussions sécuritaires et politiques, faire superviser les engagements des deux parties par un juge indépendant. Elle ne relève qu'« un » obstacle : Ariel Sharon. « *Il ne veut pas la paix* », assure-t-elle. Un dernier doigt se lève : « *Quand vous avez refusé Taba...* » M. Tarazi interrompt l'intervenant, un rien découragé. « *Je vous rappelle que ce sont les Israéliens qui ont quitté la table des négociations.* » Dur métier.

Stéphanie LE BARS, *21 février 2002*

Barak en risque-tout, Arafat en hésitant

Il est des formules qui, parce qu'elles cristallisent parfaitement l'état d'esprit du moment, acquièrent une force symbolique capable de transformer le réel. À moins qu'elles ne le figent. Ainsi de l'expression « offre généreuse » qu'Ehoud Barak, alors Premier ministre d'Israël, utilisa le 25 juillet 2000, à l'issue du sommet raté de Camp David, regrettant qu'en dépit de celle-ci Yasser Arafat ait refusé de signer l'accord susceptible de régler définitivement le conflit israélo-palestinien. Bill Clinton, peu après, légitima l'idée en estimant que l'échec du sommet était plus imputable au chef palestinien qu'à son homologue israélien, qui « avait fait plus de chemin que le président Arafat » dans la recherche du compromis.

Ce refus de l'« offre généreuse » de Camp David est désormais ancré au cœur de l'immense majorité des Israéliens. Si, estiment-ils, Yasser Arafat a refusé l'« offre généreuse » de Camp David, c'est qu'il ne voulait pas d'accord, voire visait sa disparition. « *Je soupçonne Arafat de n'avoir jamais accepté le droit moral d'Israël à l'existence,* expliquait encore au *Monde* Ehoud Barak quelques mois après sa défaite électorale. *C'est un interlocuteur habile et fuyant. Arafat, c'est la culture du double langage.* »

C'est dans un état de méfiance similaire qu'Ehoud Barak se rendit, le 11 juillet 2000, au sommet de Camp David. La méfiance de Yasser Arafat à l'égard d'Ehoud Barak n'était pas moins grande. Élu d'abord pour faire la paix avec les Palestiniens, M. Barak, au début, avait semblé n'accorder à la question qu'un intérêt second, loin derrière le dossier libanais et syrien. Ce n'est qu'après l'échec de la normalisation avec Damas qu'il s'était tourné vers les Palestiniens, amers des promesses de retraits militaires non tenues des colonies en expansion et des prisonniers toujours non libérés. Peu dans l'entourage du chef de l'Autorité palestinienne croyaient au succès. Mais la pression américaine était trop forte. Yasser Arafat vint donc à Camp David, mais en traînant les pieds, avec le sentiment confus que les conditions de la rencontre l'isolaient de ses alliés arabes.

Le détail des discussions, menées à l'abri des journalistes parqués dans l'école de Thurmont, à dix kilomètres de là, resta largement confidentiel. Durant le sommet comme au cours des semaines suivantes, révélations et informations partielles permirent de confirmer que les discussions avaient fait vaciller de nombreux tabous. Les Israéliens avaient ainsi consenti à ne plus considérer Jérusalem comme la capitale « éternelle et indivisible » de l'État juif, et l'on parlait désormais d'un État palestinien installé sur quelque 91 %, voire plus, de la Cisjordanie de 1967 (Jérusalem non comprise). Mais il y avait encore de la marge pour les discussions, comme devait le montrer le sommet de Taba, quelques mois plus tard.

Le refus, le 25 juillet, des Palestiniens de conclure à Camp David ne vint cependant pas d'un déficit de concessions israéliennes, mais d'un problème issu de la technique même de la négociation. Jusque-là, Israéliens et Palestiniens avaient traité selon la méthode des petits pas, les premiers concédant aux seconds, par étapes, territoires et pouvoirs – lesquels, pensait-on, finiraient par conduire à un État palestinien. C'est cette logique qu'Ehoud Barak remit en cause à Camp David, convaincu qu'elle ne permettrait pas de régler les dossiers les plus délicats : Jérusalem et les réfugiés. Soudain, les Palestiniens se retrouvèrent invités à faire le grand saut : un règlement global mettant fin une fois pour toutes au conflit. En échange de concessions jusque-là inédites, notamment sur la division de Jérusalem et sur la superficie territoriale du futur État palestinien, Israël demandait à son interlocuteur de renoncer avant tout au droit au retour des réfugiés. C'est ce troc que Yasser Arafat ne voulut pas, ou ne sut pas, faire. De nombreuses hypothèses, plus ou moins satisfaisantes, ont été émises sur les raisons de son refus. Guère prolixe, le Raïs ne s'en expliqua pas. Jamais non plus il ne présenta de solution alternative. Mais lorsqu'il revint à Gaza, fêté comme jamais pour n'avoir rien cédé, il devint évident qu'il était en phase avec les siens. Et que les possibilités d'un accord final s'éloignaient d'autant.

Deux mois plus tard, la deuxième Intifada redistribuait toutes les cartes. Aux divergences inhérentes au vieux conflit israélo-palestinien, s'ajoutèrent bientôt les crispations et les haines nées des affrontements armés, des attentats et de la répression. Pourtant, l'on continuait à se voir et à négocier. Entre l'échec de Camp David (25 juillet 2000) et le début de l'Intifada (29 septembre 2000), Saëb Erakat, l'un des principaux négociateurs palestiniens, rencontra trente-huit fois Gilad Sher, homme de confiance et directeur de cabinet d'Ehoud Barak.

La réunion de Taba en janvier 2001 se tint sans Yasser Arafat ni Ehoud Barak, dans l'hôtel Hilton de cette petite station balnéaire égyptienne. Détendus, Israéliens et Palestiniens tenaient régulièrement salon dans le hall de l'hôtel. Tous se connaissaient de longue date ; presque tous s'appréciaient encore. Les quatre mois d'Intifada avec leur cortège de morts et de drames n'avaient pas encore élevé de mur infranchissable. Et personne, sans doute, n'imaginait que le pire était encore à venir. Comme à Camp David, la fin définitive du conflit constituait l'objectif de la rencontre. Et pour inciter Yasser Arafat à signer, les Israéliens avaient sensiblement étendu leur offre sur les territoires, le contrôle des frontières, les colonies et Jérusalem, allant jusqu'à reconnaître, pour la première fois, leur responsabilité dans le drame des réfugiés palestiniens. En échange, les Palestiniens étaient invités, une fois encore, à abandonner leur revendication du droit au retour.

Cette fois, le marché était vraiment tentant, et pour les deux parties. Mais l'une d'entre elles, l'israélienne, était sur le flanc, avec un chef qui, dépourvu de majorité à la Knesset, avait dû convoquer les électeurs pour le 6 février suivant. Tous les sondages donnaient Ariel Sharon vainqueur. En situation de précarité extrême, Ehoud Barak hésitait à signer ; les Palestiniens n'étaient pas moins réticents à parapher un document qui, pensaient-ils, ne serait de toute façon pas honoré par le successeur probable de leur interlocuteur. On se sépara donc, le 28 janvier, sans avoir conclu. Le même jour, à Davos, devant un Shimon Pérès médusé, Yasser Arafat se laissa aller à accuser les Israéliens de mener une « agression militaire fasciste » contre les siens. La rencontre solennelle un instant prévue à Stockholm avec Ehoud Barak en fit aussitôt les frais.

Georges MARION, *18 avril 2002*

Que faire des pierres sacrées ?

Face au quadrilatère de la vieille ville crénelée par Soliman le Magnifique, Gustave Flaubert n'avait pas tort d'écrire dans ses Carnets de voyage de 1850 : « *Jérusalem est la réunion de toutes les malédictions réciproques [...], un charnier entouré de murs.* » Du roi Salomon, qui, il y a trois mille ans, traça l'aire du Temple sur la colline de Sion, jusqu'à l'empereur Guillaume II d'Allemagne, la Ville sainte aura été assiégée puis occupée au moins une quinzaine de fois : Juifs, Babyloniens, Perses, Grecs, Romains, Byzantins, Arabes, Francs, Mamelouks, Ottomans, etc. Tous les historiens témoignent que les hommes viennent à Jérusalem tantôt couverts de fer et la lance au poing pour la conquérir, tantôt pieds nus et le bâton à la main pour la glorifier.

À nouveau, des pierres sacrées aujourd'hui font reculer les hommes, mais qui, à Jérusalem, pourrait s'en étonner ? Les efforts de paix au Proche-Orient butent sur cette concentration unique au monde de l'Histoire et des histoires, des symboles et des représentations, des imaginaires et des passions. À Jérusalem, « *je me sens plus vide qu'un tonneau creux* », commentait le même Gustave Flaubert, déçu par une ville croupissante dans ses immondices et déchirée par son sectarisme religieux. Eliezer Ben Yehuda (1858-1922), père de l'hébreu moderne, pleurait aussi sur la cité de David, « *détruite et désertée, avilie jusqu'aux abysses* ». La déception des écrivains du XIXe siècle n'a d'égale que la fascination dont Jérusalem jouit aujourd'hui pour les croyants du monde entier, et qui rend toute solution plus problématique que jamais.

La souveraineté sur les Lieux saints est-elle une exigence irréductible, non négociable, de la foi juive ou musulmane ? On assiste plutôt à un processus d'instrumentalisation religieuse, somme toute classique, de frustrations nationales et de revendications territoriales. La mystification est double, en effet. Les Juifs religieux et la droite israélienne font de la souveraineté temporelle sur le Temple – question qui n'a jamais été à l'ordre du jour avant l'annexion de 1967 – la garantie de l'indivisibilité mythique de Jérusalem et de l'éternité de l'État d'Israël. De leur côté, les musulmans font de Jérusalem, longtemps pèlerinage pour les fidèles qui ne pouvaient aller à La Mecque – le seul prescrit par le Prophète –, un lieu saint à l'égal des autres, et de l'esplanade des Mosquées le joyau d'Al Qods, ce lieu inviolable où aucun signe autre que musulman ne doit être toléré.

S'il y a un endroit au monde où des pierres et des morceaux de terre méritent d'être défendus, c'est pourtant bien cet espace, grand comme la place de la Concorde, dit de l'esplanade du Temple, devenu après la conquête arabe (638) l'esplanade des Mosquées. Pour les Juifs, qui ne peuvent plus en vénérer que le soutènement occidental (le mur des Lamentations), le Temple est le signe le plus visible de la présence de Dieu au milieu de son peuple, le symbole de la permanence de l'histoire juive à travers ses exodes et ses exils, l'aboutissement de toutes les utopies et de l'aventure messianique. Jérusalem est le lieu unique de la rédemption promise, et nombreux sont ceux qui viennent se faire enterrer face à la vieille ville. Toute la théologie juive est ainsi fondée sur cette centralité du Temple, sans comparaison avec l'universalité chrétienne, qui a propulsé des missionnaires au bout du monde et érigé des villes-sanctuaires à Alexandrie, Rome, Constantinople ou Moscou.

La légitimation religieuse musulmane n'est pas non plus de même nature. Lors de la première période de domination arabo-musulmane, les califes omeyyades, abbassides, fatimides gouvernaient la Palestine à partir de Damas, de Bagdad, du Caire. Jérusalem n'a jamais été la capitale d'un État musulman, ou même d'une province au sein d'un empire musulman. Ce n'est qu'à l'époque des croisades que, sans atteindre un rang équivalent à celui de La Mecque et de Médine, Jérusalem est devenue ville sainte, à défendre contre tout irrédentisme chrétien hier, juif aujourd'hui. Depuis, Al Qods et l'esplanade des Mosquées – d'où le Prophète a fait son ascension nocturne vers Dieu sur sa jument Buraq – sont investis d'une dimension affective et eschatologique qui en fait plus qu'un lieu saint : c'est une donnée coranique, identifiée à un épisode de résistance militaire et religieuse, à un imaginaire meurtri par le souvenir des croisades et *reconquistas* en tout genre, porteuse de toutes les aspirations de l'aire musulmane.

Sortir du piège

Comment dépasser cette instrumentalisation, à des fins politiques et nationales, de Lieux saints qui n'ont de caractère d'abord que mystique, attaché à des traditions spirituelles fortes mais devenues, par les vicissitudes de l'Histoire, des imaginaires symboliques globalisants, voire ces systèmes d'exclusion mutuelle qu'ils n'étaient pas au départ ? Le mouvement sioniste à ses origines ne faisait pas de Jérusalem la capitale de l'État d'Israël. Ses porte-parole laïcs nourrissaient même pour cette ville dévote une méfiance teintée de mépris. L'annexion de Jérusalem-Est (où se trouvent les Lieux saints) était même inenvisageable jusqu'en 1967. David Ben Gourion s'accommodait, lui reprochaient les fanatiques, d'un « sionisme sans Sion ». Et pourtant, au lendemain de la guerre des Six-Jours, Moshe Dayan, sortant de l'esplanade du Temple, déclarait au monde entier : « *Nous sommes revenus au plus saint de nos lieux saints et nous ne nous en séparerons jamais.* » Depuis, à la faveur du renouveau messianique en Israël, exprimé dans des espoirs (limités) de reconstruction du Temple, l'exploitation du réservoir des symboles juifs ira croissant. Au point d'irriter les orthodoxes, pour qui la gestion de biens religieux entre des mains laïques est une hérésie. Ce faisant, elle provoque directement des Palestiniens qui, écrit Henry Laurens dans *Esprit* de janvier 2001, « *vivent leur identité de musulmans, depuis des siècles, comme défenseurs de lieux saints et, depuis quelques décennies, affrontent des courants sionistes religieux* ».

Pour sortir d'un tel piège – la sacralisation d'un lieu confondue avec une revendication de souveraineté politique –, des voix se font entendre en vue de faire des Lieux saints juifs, chrétiens et musulmans un espace à part, fort d'une garantie internationale – celle des Nations unies par exemple –, protégeant le libre accès et la totale sécurité des croyants de toute religion. On reconnaîtra là la position, entre autres, du Saint-Siège, poliment écoutée, rarement entendue, toujours confondue, à tort, avec l'« internationalisation » de Jérusalem ou un statut d'« exterritorialité » qui figuraient dans les premiers plans de partage de la Palestine. Ce ne serait pas nier les droits à la souveraineté israélienne ou palestinienne sur Jérusalem qui font l'objet des négociations. Ce serait protéger les croyants contre leurs propres emportements et redonner des chances à la paix.

Henri TINCQ, *13 janvier 2001*

JÉRUSALEM DEPUIS 1947

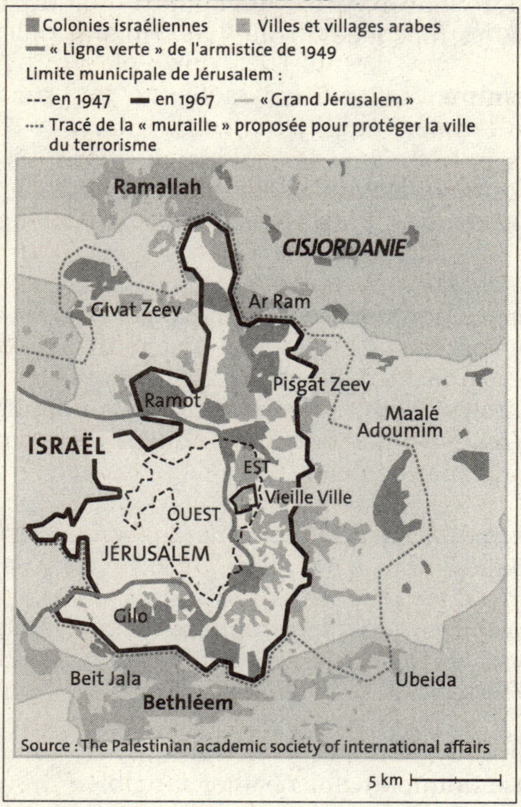

Source : The Palestinian academic society of international affairs

De Camp David à Washington

2000

11-24 juillet : Le sommet de Camp David se solde par un échec. Israël a proposé aux Palestiniens la restitution de la bande de Gaza et d'environ 90 % de la Cisjordanie, coupée en deux, sans souveraineté palestinienne sur la vieille ville à Jérusalem-Est, en contrepartie de la reconnaissance israélienne d'un État palestinien et de la signature par l'OLP de « la fin du conflit ». L'OLP a jugé cette proposition inacceptable. Clinton rend Arafat responsable de l'échec. Barak et Arafat s'engagent à « renoncer à la violence ».

28 septembre : Le gouvernement israélien autorise une visite d'Ariel Sharon, chef de l'opposition de droite, sur l'esplanade des Mosquées. Tollé palestinien.

29 septembre : La police israélienne tire sur des manifestants palestiniens qui jettent des pierres : 7 morts et 200 blessés palestiniens. Le lendemain, dans les territoires occupés, des manifestants palestiniens (désarmés) s'en prennent aux forces de l'ordre israéliennes. Début de l'Intifada Al-Aqsa.

1er octobre : Mohamed ad-Doura, onze ans, est abattu par des tireurs israéliens. Le lendemain, pour la première fois, Israël tire des roquettes à partir d'hélicoptères. La répression fait très vite des dizaines de morts dans la population palestinienne. Yasser Arafat demande l'envoi d'une commission d'enquête internationale.

6 octobre : L'Autorité lance une « journée de la colère ». 10 morts palestiniens.

12 octobre : Deux soldats israéliens égarés à Ramallah sont lynchés par la foule. Israël bombarde Ramallah, Gaza, Naplouse, Jéricho et Hébron.

17 octobre : Le sommet américano-israélo-arabe à Charm el-Cheikh ne donne aucun résultat tangible.

2 novembre : Premier attentat à la voiture piégée du Djihad islamique à Jérusalem-Ouest, 2 morts.

9 novembre : Première « liquidation ciblée » par Israël (un responsable du Fatah, parti de Yasser Arafat).

20 novembre : Israël bombarde pour la première fois des sites de l'Autorité palestinienne à Gaza, après un attentat contre le bus scolaire d'une colonie israélienne (2 enfants morts).

11 décembre : La commission Mitchell tente de ramener le calme.

23 décembre : Bill Clinton propose un « plan de paix » restituant 95 % de la Cisjordanie à l'OLP et une « souveraineté partagée » sur l'esplanade des Mosquées – mont du Temple.

2001

21-27 janvier : Des négociations à Taba permettent aux deux parties de progresser, sans parvenir à un accord. Elles sont rompues par Ehoud Barak. Au Forum de Davos, Yasser Arafat récuse lui aussi violemment les pourparlers de Taba.

6 février : Ariel Sharon (Likoud, droite nationaliste) remporte amplement l'élection pour le poste de Premier ministre contre le travailliste Ehoud Barak. Il forme le 7 mars un gouvernement d'union nationale, de l'extrême droite aux travaillistes.

21 mars : La Commission des droits de l'homme de l'ONU préconise un déploiement urgent d'observateurs internationaux.

28 mars : Washington oppose son veto à l'ONU à l'envoi d'une force d'interposition.

17 avril : Première réoccupation partielle de l'armée israélienne en zone A (territoire autonome palestinien), à Gaza.

Elle se retire après une vive injonction du secrétaire d'État américain.

24 juin : Assassinat « ciblé » d'un responsable du Fatah, Oussama Jouabreh, qui figurait sur la « liste » des personnes dont Israël exige l'arrestation par Yasser Arafat.

30-31 juillet : 6 membres du Fatah, puis 6 du Hamas, sont victimes de « liquidations ciblées ».

6 août : l'Autorité palestinienne rejette la « liste noire des 60 criminels » dont Israël exige l'arrestation.

10 août : Après un attentat, Ariel Sharon fait occuper la Maison d'Orient, siège officieux de l'OLP à Jérusalem-Est.

10 septembre : Selon le mouvement israélien Shalom Ah'shav (la Paix Maintenant), Israël a créé dix nouvelles colonies en trois mois.

17 octobre : En représailles à la « liquidation » de son chef politique, Abou Ali Moustafa, le 24 août, le FPLP assassine le ministre israélien d'extrême droite, Rehavam Zeevi.

19 novembre : Washington envoie deux « émissaires », Anthony Zinni et William Burns.

21 novembre : Après vingt jours de calme, 5 enfants palestiniens sont victimes d'un engin piégé israélien à Gaza. Tsahal procède à la « liquidation ciblée » de Mohamed Abou Hanoun, un responsable du Hamas, qui annonce des représailles.

22 novembre : 2 morts et 25 blessés dans un attentat en Israël.

27 novembre-2 décembre : Vague d'attentats meurtriers à Afoula, Jérusalem et Haïfa (25 morts parmi les Israéliens).

3 décembre : Israël décrète l'Autorité palestinienne « entité soutenant le terrorisme », après que deux attentats ont causé la mort de 26 Israéliens. Bombardements des villes palestiniennes, Arafat est encerclé à Ramallah.

13 décembre : Israël décrète Arafat « hors jeu ». Chars et avions israéliens pilonnent des institutions de l'Autorité.

16 décembre : Arafat appelle à « l'arrêt total » des attaques contre Israël. Le Hamas déclare accepter une trêve. Sharon fait savoir que cet appel ne mettra pas fin à sa « lutte contre le terrorisme ».

23 décembre : Sharon refuse l'accès traditionnel de Yasser Arafat pour la messe de Noël à Bethléem.

2002

3 janvier : La marine israélienne arraisonne en mer Rouge un cargo chargé de cinquante tonnes d'armes en provenance d'Iran, dont Israël accuse Arafat d'être le destinataire.

14 janvier : Après une attaque du Hamas près de Gaza, Tsahal détruit cinquante-neuf habitations à Rafah, bombarde la bande de Gaza et détruit l'aéroport palestinien.

17 janvier : Israël « liquide » un responsable du Fatah à Tulkarem.

22-25 janvier : Trois attentats à Jérusalem-Ouest font 3 morts et 72 blessés israéliens.

9 février : Le bilan des victimes en seize mois s'établit à plus de 15 000 blessés et au moins 911 tués côté palestinien, pour la plupart civils, à 255 morts israéliens, principalement victimes d'attentats terroristes, dont 13 Arabes d'Israël victimes de la police israélienne. Une trentaine d'attentats suicides islamistes ont eu lieu. les réoccupations israéliennes en « zones autonomes » palestiniennes sont devenues quotidiennes.

III

LES CHEFS DE GUERRE ET LEUR ENTOURAGE

Yasser Arafat, le dernier des fedayins

Depuis quarante-trois ans, il incarne le mouvement de libération nationale palestinien. Aujourd'hui, le rêve d'un État palestinien semble s'éloigner. Pourtant, malgré les intrigues, les échecs et même les menaces, « le Vieux » refuse de jeter l'éponge.

Jamais sans doute Yasser Arafat n'aura vécu crise aussi inextricable. Le président palestinien pensait pouvoir conduire son peuple à l'indépendance en mai 1999 – comme le prévoyaient les accords d'Oslo –, ou, au pire, quelques mois plus tard. Début décembre 2001, l'embryon de Palestine a volé en éclats – sauf sur le papier – et, avec lui, la quasi-totalité des symboles de l'Autorité palestinienne. L'Intifada, la révolte des Palestiniens contre l'occupation, s'est heurtée à l'impressionnante machine de guerre israélienne : plus de huit cents morts palestiniens, des milliers de blessés et de handicapés, des infrastructures en lambeaux, des centaines d'habitations détruites, des vergers brûlés, des territoires autonomes soumis à « bouclage » extérieur et intérieur, une population humiliée et une poussée d'extrémisme, islamiste surtout, avec son lot d'attentats terroristes et l'enchaînement interminable des représailles et contre-représailles. Harcelé par le Premier ministre israélien, Ariel Sharon, qui conteste sa légitimité, sommé par la communauté internationale, singulièrement les États-Unis, de sévir contre les plus extrémistes des siens, Yasser Arafat est, en sens inverse, soumis aux pressions de son peuple, qui le juge, au contraire, trop conciliant avec l'État juif.

Sa vie a été jalonnée d'épreuves. Son expulsion et celle de l'Organisation de libération de la Palestine (OLP) de Jordanie en 1970-1971, le départ forcé de Beyrouth en septembre 1982, puis de l'est et du nord du Liban l'année suivante, la longue traversée du désert qui a suivi, le meurtre de ses deux plus proches compagnons – Abou Jihad et Abou Iyad –, sa mise en quarantaine en 1990 pour n'avoir pas su choisir le bon camp lors de l'invasion du Koweït par l'Irak restent sans doute parmi ses souvenirs les plus amers. Ce n'est pas non plus de gaieté de cœur, mais par réalisme politique, qu'il s'est résigné à renoncer à récupérer la totalité de la Palestine, pour se contenter d'un petit État aux côtés d'Israël.

Le numéro un et le plus célèbre des fedayins est doté d'une étonnante capacité de résistance physique et morale, entretenue par un mode de vie d'une rare sobriété. Chef militaire courageux, en état d'alerte permanent, il a vécu pendant plus de trente ans en nomade, pour échapper aux rets d'un ennemi israélien redoutable. Il n'a connu de relative stabilité que depuis son retour à Gaza, en 1994, mais le harcèlement auquel le soumet le gouvernement de M. Sharon, qui l'accuse de soutenir le terrorisme, réveille indiscutablement quelques souvenirs désagréables. Dirigeant politique paternaliste et autoritaire à la fois, têtu et méfiant, manipulateur au besoin, le président du Comité exécutif de l'OLP (depuis 1969) et de l'Autorité palestinienne centralise tous les pouvoirs. Détenteur des cordons de la bourse, il n'en profite pas pour s'enrichir personnellement, mais entretient généreusement une clientèle. Il laisse aussi se développer autour de lui un système de prébendes et de corruption.

Né au Caire le 4 août 1929, sixième enfant d'une famille palestinienne de Gaza, Yasser Arafat a consacré la plus grande partie de sa vie à se battre pour la Palestine. C'est à l'âge de trente ans que l'ingénieur Mohammad Abdel Raouf Arafat Al Koudoua Al Husseini (son vrai nom), alors employé du département des travaux publics de l'émirat du Koweït, entre véritablement en politique. Au début des années 1950, il a bien fait de l'agit-prop au sein de l'Union des étudiants palestiniens à l'université du Caire, où il a fait ses études.

Mais c'est seulement en 1959 qu'avec deux camarades, Salah Khalaf (Abou Iyad) et Khalil Al Wazir (Abou Jihad), il met sur pied le Fatah. Fatah est l'anagramme du sigle du mouvement : Harakat al tahrir al watani al filistini (Hataf). Hataf signifie mort et Fatah conquête.

Yasser Arafat dit adieu à la vie facile du jeune homme qui gagnait bien sa vie, amateur de belles cylindrées, plutôt américaines. Commence un parcours tout entier voué à la lutte, jalonné de succès et aussi d'échecs qui, loin de dissuader Yasser Arafat, le galvanisent : premières actions de commandos, premiers tracts et bulletins clandestins, première reconnaissance par les « frères » arabes, prise de contrôle de l'OLP. Yasser Arafat devient très vite le porte-drapeau d'un mouvement national qu'il fait naviguer entre les écueils pour empêcher toute hypothèque, avec le souci de ne jamais s'aliéner totalement les pays « frères ».

Il doit également négocier des virages sans jamais s'avouer vaincu, amortir les échecs, gérer les contradictions interpalestiniennes, quitte à fermer les yeux – à contrecœur et dans le seul intérêt de l'unité nationale palestinienne disent ses proches – sur les actions terroristes auxquelles se livrent certains des siens. Au début des années 1980, après le désastre du Liban et l'exil tunisien, on le croit « fini »... Il « rebondit » sur la première Intifada de Cisjordanie et de Gaza, qui se réclame de l'OLP et revendique l'unité du peuple palestinien.

C'est principalement à cette population que Yasser Arafat doit son retour à Gaza et son élection à la tête de l'Autorité palestinienne. Mais le chef de l'OLP et « les gens de Tunis » ont transposé en Cisjordanie et à Gaza leurs méthodes brutales de gouvernement. Arafat ne souffre aucune critique. Les exigences d'Israël en matière de lutte contre le terrorisme renforcent ses tendances autocratiques.

Les violations des droits de l'homme se multiplient, les accusations d'enrichissement illicites de son entourage aussi. Yasser Arafat se voit reprocher d'avoir mal négocié les accords d'Oslo, de céder trop vite aux exigences d'Israël, dont la poigne, loin de se desserrer, se renforce. Son refus des propositions – jugées irrecevables – faites par Israël au sommet de Camp David, en juillet 2000, redore son prestige auprès des siens ; mais la colère gronde en Palestine. Une visite jugée provocatrice d'Ariel Sharon, alors figure de proue de l'opposition de droite, sur l'esplanade des Mosquées, à Jérusalem, le 28 septembre 2000, est l'étincelle qui met le feu aux poudres. L'Intifada éclate.

Yasser Arafat est sans doute le dernier à imaginer que la révolte des siens sera encore aussi vivace plus de quatorze mois plus tard ; d'autant que des négociations discrètes avec l'équipe gouvernementale du Premier ministre israélien d'alors, Ehoud Barak, à Taba, en Égypte, permettent de réelles avancées. Mais le verdict des élections anticipées en Israël tombe. Ariel Sharon l'emporte, et avec lui la politique de la poigne de fer et de la répression impitoyable : meurtres ciblés, bombardements de l'artillerie et de l'aviation, incursions en territoires autonomes palestiniens. Les pressions contradictoires qui s'exercent sur le président palestinien sont de plus en plus fortes. Habitué des situations difficiles, il ne jette pas l'éponge. Quels qu'ils soient, ses choix seront néanmoins très difficiles à assumer.

Mouna NAIM, *10 décembre 2001*

Marouan Barghouti, un « fidèle » très critique

Qui, avant l'Intifada Al-Aqsa, hormis la population de Cisjordanie et peut-être de Gaza, connaissait vraiment Marouan Barghouti ? Député, il s'est certes distingué par sa liberté de ton, la dénonciation de la corruption et des dérives de l'Autorité palestinienne. En sa qualité de principal responsable du Fatah, l'organisation de Yasser Arafat, pour la Cisjordanie, Marouan Barghouti n'était assurément pas M. Tout-le-monde. Militant infatigable, son intégrité et sa fidélité à ses idéaux inspiraient le respect et le rendaient populaire, auprès des jeunes surtout. Mais c'est l'Intifada Al-Aqsa et surtout les pouvoirs, exagérés de l'avis de tous, que lui attribue la propagande israélienne qui ont propulsé ce quadragénaire trapu aux yeux sombres et frondeurs, marié et père de deux enfants, sur le devant de la scène.

Très actif lors de la première Intifada (1987-1993), Marouan Barghouti passe quelques années dans les prisons israéliennes, où il apprend l'hébreu. En 1989, il est déporté vers le Liban, d'où il va rejoindre le président de l'Organisation de libération de la Palestine dans son exil tunisien. On le tient aujourd'hui pour l'un des opposants à Yasser Arafat au sein du Fatah, alors que ceux qui le connaissent assurent qu'il est au contraire un fidèle parmi les fidèles. À la différence toutefois du président de l'Autorité palestinienne, tenu par ses obligations de président et soumis à de fortes pressions internationales, Marouan Barghouti peut, lui, se permettre d'être radical. Élu en 1996 membre du Conseil législatif palestinien, il n'a jamais hésité à critiquer les errements du gouvernement palestinien, tant dans sa gestion des affaires intérieures que pour ce qui concerne les concessions faites à Israël. Il s'est également battu pour que le Fatah garde son autonomie par rapport à l'Autorité, pour qu'il ne devienne pas le parti au pouvoir, et ses cadres les « apparatchiks » de la nouvelle administration palestinienne.

Marouan Barghouti fut l'un des plus chauds partisans des accords israélo-palestiniens d'Oslo, et sa déception quant à leur échec – dont il impute la responsabilité aux manquements de l'État juif à ses engagements – est à la mesure de son enthousiasme originel. « *Je me sens trahi par les Israéliens* », a-t-il déclaré un jour au *Monde*. D'où son engagement dans l'Intifada, qu'il considère comme la révolte légitime d'un peuple contre l'occupation et l'humiliation, tout en se déclarant hostile aux attentats terroristes qui visent des civils en Israël.

Début août 2000, Marouan Barghouti accuse Israël d'avoir cherché à le tuer dans une attaque aux missiles qui a touché le véhicule de l'un de ses adjoints. L'incident a lieu devant le siège du Fatah, dans la ville de Ramallah, en Cisjordanie. Les soupçons ne sont pas totalement infondés : tant d'autres dirigeants palestiniens ont déjà été la cible d'assassinats ciblés israéliens ! Israël dément, et affirme que c'est bien son adjoint, Mohammad Abou Halawa, qui est visé. L'avertissement est en tout cas pris très au sérieux et Marouan Barghouti se fait encore plus insaisissable que jamais. Car l'État juif le tient pour LE responsable du Tanzim (qui signifie organisation en arabe), la branche armée du Fatah, qui participe à la résistance armée contre l'armée israélienne. Mais, de l'avis des spécialistes, l'État juif surévalue ledit Tanzim et surtout le rôle que M. Barghouti joue en son sein. Les « bouclages » auxquels sont soumis les territoires autonomes palestiniens rendent vaine en effet toute idée de commandement central de la révolte palestinienne.

Mouna NAIM, *9-10 décembre 2001*

Dirigeant du Fatah, M. Barghouti plonge dans la clandestinité

Il est mis en cause pour ses liens avec les Brigades des martyrs d'Al-Aqsa

Marouan Barghouti, chef du Fatah pour la Cisjordanie, est entré le 29 mars dans la clandestinité. Contrairement aux rumeurs qui ont couru dans les premiers jours de l'opération massive lancée en Cisjordanie par l'armée israélienne, M. Barghouti ne se trouvait pas plus aux côtés du chef de l'Autorité palestinienne, Yasser Arafat, que du responsable de la sécurité préventive pour la Cisjordanie, Jibril Rajoub. Le membre du Conseil législatif palestinien, présenté par la presse israélienne comme l'animateur de l'Intifada, est désormais une personne recherchée par l'armée israélienne.

En octobre 2001 déjà, les autorités israéliennes, qui le suspectaient d'être en contact étroit avec les Brigades des martyrs d'Al-Aqsa – un groupuscule militaire se réclamant du Fatah, le parti de Yasser Arafat –, avaient lancé un mandat d'arrêt contre lui. Ces Brigades menaient, depuis le début de l'Intifada, des opérations contre les colons et contre l'armée israélienne dans les territoires occupés. La doctrine – toujours officiellement en vigueur – du Fatah considère ces opérations comme légitimes, contrairement aux attentats perpétrés en Israël contre les civils.

Une évolution s'est produite chez les Brigades des martyrs d'Al-Aqsa à partir de l'assassinat, par l'armée israélienne, de Raed Karmi, leur responsable pour Tulkarem, le 14 janvier. Cet assassinat a entraîné une vague d'attentats, y compris en Israël. À Hadera, un activiste a fait irruption au milieu d'une fête familiale, mitraillant six personnes avant d'être abattu. Plus tard, d'autres attentats de ce type ont été perpétrés, notamment rue Jaffa, à Jérusalem-Ouest, très similaires aux attentats suicides commis quasi exclusivement, jusqu'alors, par les ailes militaires des mouvements islamiques.

Radicalisation accrue

Interrogé en février, après l'attentat qui avait causé la mort, toujours rue Jaffa, d'un Israélien et d'une porteuse de bombe, Marouan Barghouti nous avait assuré que les Brigades restaient opposées, par principe, aux attentats contre des civils en Israël. Tout en mettant en avant le cloisonnement des Brigades, il ajoutait cependant que l'aile militaire conservait une marge de manœuvre et d'appréciation, comme certaines cellules de base. M. Barghouti expliquait alors que l'Intifada avait pour objectif de rappeler la réalité de l'occupation et d'établir un lien direct entre la fin de celle-ci et la sécurité des Israéliens. Cette sécurité ne pouvait être garantie, selon le responsable du Fatah, que par les Palestiniens, après l'évacuation des territoires occupés.

Les opérations massives lancées par l'armée israélienne à partir du 28 février se sont accompagnées d'une radicalisation encore plus nette des Brigades des martyrs d'Al-Aqsa. Ces dernières ont alors multiplié les attentats suicides en Israël et dans les territoires. Le 3 mars, M. Barghouti a célébré les « *opérations héroïques contre les soldats et les colons* ». Un communiqué – impossible à authentifier pour l'instant – a présenté, lundi 1er avril, M. Barghouti comme le chef direct des Brigades. Nul doute qu'il n'aura pas échappé aux services de sécurité israéliens.

Gilles PARIS, *4 avril 2002*

Marouan Barghouti, responsable du Fatah pour la Cisjordanie, a été arrêté

Le chef, en Cisjordanie, du Fatah, le mouvement du président palestinien Yasser Arafat, Marouan Barghouti, a été arrêté, lundi 15 avril, par l'armée israélienne dans la ville de Ramallah. M. Barghouti était sur la liste des personnes recherchées par Israël, qui l'accuse d'être le commanditaire d'attaques terroristes. Un communiqué rendu public le 1er avril, qui avait été impossible à authentifier, le présentait comme le chef direct des Brigades Al-Aqsa, une formation proche du Fatah qui, ces dernières semaines, a revendiqué la responsabilité de plusieurs attentats, dont certains attentats suicides. Jusqu'en janvier, lesdites Brigades concentraient leurs opérations contre les colons et l'armée israélienne dans les territoires occupés. Mais après l'assassinat, le 14 janvier, de leur responsable pour la ville de Tulkarem, elles ont porté leurs attaques à l'intérieur d'Israël.

Dès octobre 2001, les autorités israéliennes, qui suspectaient Marouan Barghouti d'être en contact étroit avec les Brigades, avaient lancé un mandat d'arrêt contre lui. Lors du déclenchement, le 29 mars, de l'offensive israélienne dans les zones autonomes de Cisjordanie, Marouan Barghouti était déjà entré dans la clandestinité. Depuis des mois, il était en perpétuel mouvement et les soldats israéliens avaient fait chou blanc, en décembre 2001, lorsqu'ils avaient fait irruption, un matin, à l'aube, chez lui dans l'intention de l'arrêter. [...]

Âgé d'une quarantaine d'années, Marouan Barghouti, membre du Conseil législatif palestinien, avait été l'un des plus chauds partisans des accords israélo-palestiniens d'Oslo. Sa déception quant à leur échec – qu'il impute à Israël – a été à la mesure de cet enthousiasme. Dans un article publié, le 16 janvier, par le *Washington Post*, il écrivait : « *Si Israël se réserve le droit de nous bombarder aux F-16 et aux hélicoptères, il ne devrait pas être surpris que les Palestiniens cherchent à se procurer des armes défensives pour abattre ces avions. Et alors que moi-même et le mouvement Fatah [...]*

nous opposons fermement aux attaques contre les civils à l'intérieur d'Israël [...] je me réserve le droit de me protéger, de résister à l'occupation de mon pays [...]. Si on attend des Palestiniens qu'ils négocient sous l'occupation, alors Israël doit accepter de négocier pendant que nous résistons à l'occupation. »

« Je ne suis pas un terroriste, mais pas non plus un pacifiste, poursuivait-il. [...] Simplement un Palestinien ordinaire, qui réclame ce que toute autre personne opprimée réclame : le droit à m'aider en l'absence de toute aide venant d'ailleurs [...] Ce principe peut très bien conduire à mon assassinat. Alors je voudrais que ma position soit claire, afin que ma mort ne soit pas [...] un chiffre de plus dans la "guerre que mène Israël contre le terrorisme". Pendant six ans, j'ai langui comme prisonnier politique dans une prison israélienne, où j'ai été torturé, suspendu les yeux bandés alors qu'un Israélien frappait mes parties génitales avec un bâton. Mais en 1994, lorsque j'ai cru qu'Israël était sérieux à propos de la fin de l'occupation, j'ai été un avocat infatigable de la paix [...] Je continue de rechercher une coexistence pacifique entre les deux pays égaux et indépendants d'Israël et de Palestine, basée sur le retrait total des territoires palestiniens occupés en 1967 et un règlement juste des souffrances des réfugiés palestiniens, conformément aux résolutions de l'ONU. Je ne cherche pas à détruire Israël mais seulement à mettre fin à l'occupation de mon pays. »

Mouna NAIM, *17 avril 2002*

Mohamed Dahlan, l'homme du « sale boulot »

Où s'arrête la loyauté ? Où commence un destin ? Mohamed Dahlan, « Abou Fadi », ne se pose-t-il pas intensément ces questions, à l'heure où le pouvoir de Yasser Arafat chancelle sous les coups de boutoir conjugués du Mouvement de la résistance islamique (Hamas) et de l'armée israélienne ? À quarante ans, le chef de la Sécurité préventive pour la bande de Gaza traverse, il est vrai, une passe fort délicate.

Son histoire est de celles qui forgent les légendes. Né au sud de la bande de Gaza en 1961, au sein d'une famille modeste, Mohamed Dahlan travaille très jeune en Israël à l'occasion des vacances. Il découvre l'« ennemi » de l'intérieur et apprend l'hébreu au fil des jours, un bagage qui lui sera particulièrement utile vingt ans plus tard. L'ambition le pousse vers l'université islamique de Gaza, où il tente vainement de concilier les études et l'engagement.

Entré en 1979 dans les rangs de la Chebiba, le mouvement de jeunesse du Fatah de Yasser Arafat, il en gravit rapidement les échelons, aux dépens des diplômes. Son activisme le signale aux Israéliens, qui occupent toujours militairement l'étroite bande de territoire. À tel point que ces derniers décident, en 1987, de l'expulser, quelques mois seulement avant le début de l'Intifada. Son bannissement vaut les meilleurs certificats d'aptitude auprès des cadres de l'Organisation de libération de la Palestine, qui se sont installés à Tunis après leur éviction du Liban.

Sa connaissance parfaite du terrain et des forces en présence fait merveille auprès de cadres dépassés par les premiers mois d'un soulèvement dont ils ne comprennent pas immédiatement la portée et qui met en scène des acteurs nouveaux : les Palestiniens « de l'intérieur ». Depuis l'Irak, où il s'est installé, l'ancien chef de la Chebiba se rend indispensable auprès d'Abou Jihad, puis rejoint Tunis après l'assassinat de ce dernier. Après la signature des accords d'Oslo et la reconnaissance mutuelle d'Israël et de l'OLP, c'est à lui que Yasser Arafat confie la mission de préparer son retour sur une terre qui lui est devenue étrangère à force d'exils. Mohamed Dahlan est ensuite nommé à la tête de l'un des nombreux services de sécurité dont s'entoure M. Arafat. La Sécurité préventive lui permet de faire valoir une nouvelle fois son sens de l'organisation et, surtout, elle le met en contact avec des interlocuteurs israéliens qui ne vont pas tarder à faire savoir tout le bien qu'ils pensent de ce jeune colonel si soucieux de son élégance et de son image.

Les années d'Oslo sont des années dorées pour « Abou Fadi », auquel tout semble réussir. Mais la partie se grippe et le colonel doit payer de sa personne à partir de 1996 pour circonvenir l'aile militaire du Hamas, lancée dans une stratégie d'escalade que ponctue une série d'attentats meurtriers.

Il fait le « sale boulot » en réprimant un mouvement que les bouclages et la poursuite inexorable de la colonisation rendent de plus en plus populaire. L'Autorité palestinienne voit son image se détériorer, et Mohamed Dahlan n'échappe pas à l'opprobre. La rumeur se fait insistante, peut-être excitée par les jalousies. N'aurait-il pas profité de ses contacts privilégiés avec les Israéliens pour s'enrichir grâce à de discrets monopoles ?

Le déclenchement de la seconde Intifada, en septembre 2001, achève de le placer en porte à faux. Il est suspecté par les Palestiniens d'en avoir trop fait pour l'ennemi, tandis que les Israéliens l'accusent de trahison. Les tirs qui touchent un cortège de voitures dans lequel il a pris place, à un barrage israélien, au début de l'année 2001, sonnent comme un avertissement. Dépourvu de véritable assise politique, « Abou Fadi », engagé dans la vieille garde palestinienne de par ses fonctions et figure de la relève de par son âge, voit se profiler l'heure de choix douloureux.

Gilles Paris, *9-10 décembre 2001*

Cheikh Ahmad Yassine, l'âme des extrémistes

Rien, dans sa voix haut perchée, dans son maigre corps inerte de tétraplégique sur une chaise roulante, dans sa barbe ou sa coiffe blanche, ne laisserait penser que Cheikh Ahmad Yassine n'est autre que le chef spirituel du Hamas, acronyme, en arabe, du Mouvement de la résistance islamique palestinien ; un mouvement que les États-Unis ont inscrit sur la liste des organisations considérées comme terroristes et qui est l'auteur assumé, voire revendiqué, de la plupart des attentats, notamment suicides, anti-israéliens. À soixante-cinq ans – il en paraît beaucoup plus –, en dépit de la multitude des porte-parole du mouvement, à l'intérieur comme à l'extérieur de la Palestine, et nonobstant les rôles plus ou moins importants que jouent ses différents responsables – rôles dont on ne mesure d'ailleurs pas la portée exacte tant il est vrai que le mouvement est cloisonné –, Cheikh Ahmad Yassine demeure la figure emblématique du Hamas, sinon des islamistes palestiniens en général. Sa détermination à lutter jusqu'à la fin totale de l'occupation israélienne est sans commune mesure avec sa fragilité physique.

Il doit son infirmité à un mauvais coup reçu à la colonne vertébrale en jouant au football dans le camp de réfugiés de Chatti, dans la bande de Gaza, où il habitait. Il n'avait alors que dix-sept ans.

Père de onze enfants, il fait partie des réfugiés, expulsés ou partis du territoire qui forme aujourd'hui l'État d'Israël. Il est né en 1936 à Majdel, près d'Ashkélon, un village rasé, comme nombre d'autres, par les forces juives, lors de la création d'Israël en 1948. Il se retrouve ainsi dans la bande de Gaza, où il termine ses études secondaires. Malgré son infirmité, il part au Caire, où il passe un an à l'université Aïn Chams. C'est une année décisive, puisque c'est là qu'il rencontre des fondamentalistes de la confrérie des Frères musulmans. Dans les années 1970, de retour à Gaza, il fonde sa propre organisation, le Moujamaa Al-Islami. À l'époque, le Premier ministre israélien, Golda Meïr, n'est pas mécontente de voir se constituer un contrepoids à l'influence du Fatah et de l'OLP, considérés comme des organisations terroristes.

Au début des années 1980, à un moment où l'islam a le vent en poupe, grâce surtout à la révolution iranienne, Cheikh Yassine crée une organisation intégriste plus radicale, Majd El-Moudjahiddine (Gloire des combattants de l'islam). En 1984, il est arrêté et condamné pour détention d'armes et d'explosifs, mais il ne restera en prison qu'un an, ayant bénéficié d'un échange de prisonniers entre l'OLP et Israël. Il s'attelle alors à la constitution d'une nouvelle organisation, le Hamas, qui proclame son existence le 14 décembre 1987, au début de la première Intifada.

Arrêté en mai 1989 par Israël, il est condamné à la prison à vie en octobre 1991. Il va bénéficier, une fois de plus, d'un concours exceptionnel de circonstances qui entraînera sa libération six ans plus tard. De fait, outré par une tentative ratée du Mossad de tuer, sur le territoire jordanien, l'un des porte-parole du Hamas, feu le roi Hussein de Jordanie exige et obtient du Premier ministre israélien d'alors, Benyamin Nétanyahou, la libération de Cheikh Yassine. Remis en liberté en octobre 1997, le dirigeant du Hamas est soigné dans un hôpital d'Amman, avant d'entamer une tournée arabe qui lui permet d'engranger des fonds pour son mouvement.

Dans les premières années qui ont suivi les accords israélo-palestiniens d'Oslo, le président de l'Autorité palestinienne, Yasser Arafat, réussit à obtenir du Hamas, hostile à ces accords et dont la charte affirme que « *tout Juif et tout colon [juif] est une cible et doit être tué* », de ne pas perturber l'ensemble du processus de paix. C'est seulement vers le milieu des années 1990 que le Hamas intègre les attentats suicides dans ses formes de lutte contre Israël comme l'arme ultime pour venger le meurtre de Palestiniens ou de ses propres dirigeants.

Mouna NAIM, *9-10 décembre 2001*

Ariel Sharon le provocateur

Depuis qu'il a pris les rênes du gouvernement en mars 2001, Ariel Sharon n'a cessé d'exploiter les faiblesses et les erreurs de Yasser Arafat pour détruire politiquement l'homme qu'il n'a pas pu éliminer physiquement il y a dix-neuf ans.

Usant naguère d'une métaphore théâtrale, le ministre israélien des Affaires étrangères, Shimon Pérès, promettait au Proche-Orient deux avenirs possibles : soit un scénario « shakespearien », « *où tout le monde meurt à la fin* » ; soit un scénario « *tchékhovien* », « *où chacun se retrouve plus ou moins frustré, mais vivant* ». Hélas pour Israël, on imagine mal Ariel Sharon chez Tchekhov. À soixante-treize ans, le Premier ministre de l'État juif joue, dans le bruit et la fureur, le dernier acte d'une longue vie de baroudeur, où la bravoure, l'obstination et l'efficacité se mêlent à l'indiscipline, au cynisme et à la brutalité.

Celui qu'on surnomme « le bulldozer du Néguev », à cause du ranch qu'il y possède, de sa corpulence impétueuse et de l'impitoyable rudesse qu'il met au service du sionisme, est né en 1928 dans un village coopératif au nord de Tel-Aviv. Sa famille, travailliste, était arrivée six ans plus tôt de Brest-Litovsk, en Union soviétique. À dix-sept ans, il s'engage dans la police qui protège les zones de peuplement sioniste du Yichouv, le « foyer juif » en Palestine. C'est le prélude d'une brillante carrière militaire qu'Ariel Sharon mènera sous le signe de la chance – celle qui accompagne l'audace guerrière. Sans scrupules, ni états d'âme, en faisant prévaloir l'esprit d'initiative sur l'obéissance hiérarchique. Ce qui irritera souvent l'état-major.

Chacun de ses coups d'éclat comporte sa part d'ombre. En 1953, Ariel Sharon commande l'unité 101, qui riposte, derrière les lignes ennemies, aux infiltrations des fedayins : à Kibya (Cisjordanie), soixante-neuf personnes, dont cinquante civils, sont tuées dans le dynamitage de leurs maisons. En 1956, pendant l'opération de Suez, il fonce dans le Sinaï à la tête de sa brigade, et s'empare de la passe de Mitla. Plusieurs de ses officiers lui reprocheront cette opération coûteuse en hommes. En 1971, il « pacifie » Gaza à coups d'arrestations massives et de châtiments collectifs.

Reprenant du service pendant la guerre du Kippour, il remporte la bataille du canal de Suez, après avoir encerclé la IIIe armée égyptienne, mais s'attire à nouveau les griefs de ses pairs. C'est le Liban qui ternira durablement l'honneur d'Ariel Sharon, devenu ministre de la Défense de Menahem Begin. Manipulant le vieux chef du Likoud, de marchandages en demi-mensonges, il ourdit l'invasion du pays du Cèdre, fait bombarder Beyrouth, et laisse les milices phalangistes venger l'assassinat du président Béchir Gemayel en massacrant entre 800 et 2 000 Palestiniens à Sabra et Chatila. Une commission d'enquête israélienne le déclarera « indirectement responsable » de cette tuerie.

Sioniste de la vieille école, Ariel Sharon place la terre au cœur de son combat politique. La terre conquise, occupée, fractionnée. L'avenir d'Israël se joue plus, selon lui, sur les collines de Judée que dans le secret des urnes. La colonisation des territoires occupés fut et reste sa grande affaire. Dans les gouvernements de Menahem Begin, Itzhak Shamir et Benyamin Nétanyahou, il eut les mains libres pour encourager l'« annexion rampante » des territoires en multipliant les « faits accomplis ». La méthode était toujours la même :

quelques caravanes sur une crête, un réservoir d'eau, un drapeau israélien, une route, et une nouvelle colonie voyait le jour.

Ariel Sharon semble ne jamais avoir eu de tourment mystique, mais il a su utiliser, au service de son « radical-nationalisme » laïque, les sionistes religieux, qui, souvent fraîchement débarqués d'Amérique avec en tête de fous rêves messianiques, occupaient de nouveaux arpents de Terre sainte. L'objectif était avoué : transformer la Cisjordanie en une « peau de léopard », une région rapiécée, inapte à devenir un État viable ; refuser le partage de l'ancienne Palestine mandataire ; accorder au mieux une autonomie interne aux Palestiniens, mais pas l'indépendance au pays où ils vivent. Comme si l'on pouvait dissocier les hommes de leur terre ; comme si les Arabes de Cisjordanie étaient des personnages de Chagall flottant dans les airs. Idole des colons, Ariel Sharon a acheté à Jérusalem, au cœur de la ville arabe, une vieille maison ornée d'un immense drapeau, et étroitement gardée, mais qu'il n'habite pas.

À la différence d'un Nétanyahou, adepte du double langage, Ariel Sharon est un homme transparent : il dit ce qu'il pense, et fait ce qu'il dit. Ce n'est pas toujours le meilleur moyen de résoudre un conflit centenaire, dont la solution passe par le maintien d'une certaine « ambiguïté constructive ». Sûr de son bon droit, dirigeant populiste autoritaire et incontrôlable, ouvertement méprisant pour les Arabes, arrogant jusqu'à la provocation – la dernière en date, sa visite « musclée » sur l'esplanade des Mosquées, le 28 septembre 2000, alluma la mèche de la deuxième Intifada –, Ariel Sharon est le digne héritier, quoique rallié tardif, de la famille « révisionniste ». Celle qui nourrit à la fois une confiance inébranlable dans le sionisme, qui a le temps pour allié et l'éternité pour horizon ; et un profond pessimisme historique qui lui fait croire, sinon à l'affrontement perpétuel, du moins à l'impossible paix avec les Arabes, ennemis jurés de l'État juif.

Devenu Premier ministre – l'improbable rêve de sa vie auquel lui seul croyait – en mars 2001, Ariel Sharon a promis « des compromis douloureux ». Mais qui imagine sérieusement qu'il pourrait être un « accoucheur d'Histoire » comme Ben Gourion, un « de Gaulle israélien », ou un nouveau

Rabin ? Des deux mots hébreux, *shalom* (la paix) et *bitahon* (la sécurité), qui dominent le discours israélien, Ariel Sharon use plus souvent du second. En trente ans de vie politique, il ne s'est jamais comporté en homme de paix, fût-ce « la paix des braves ».

Des accords avec l'Égypte (1978) jusqu'à ceux d'Oslo (1993), il a voté contre tous les textes porteurs d'espoir. Sa tentation est grande aujourd'hui d'exploiter les faiblesses et les erreurs de Yasser Arafat, dont le peuple enterre ses morts presque chaque jour, pour détruire politiquement l'homme qu'il n'a pu éliminer physiquement il y a dix-neuf ans. Longtemps marginal, Ariel Sharon est aujourd'hui en phase avec un pays en proie à la colère, à la peur et au désenchantement, après avoir cru pouvoir oublier les affres du terrorisme. Israël fait entendre tour à tour les cris d'Anne Frank et ceux de tous les mainteneurs d'ordre, notait en substance Jean Lacouture, il y a plus de trente ans. Dans un contexte historique radicalement nouveau, la formule reste juste. À une différence près : les Anne Frank d'aujourd'hui en sont réduites à faire confiance au « mainteneur d'ordre » Ariel Sharon.

Jean-Pierre LANGELLIER, *9-10 décembre 2001*

« Bibi » Nétanyahou, le rival, idole des « ultras »

Tapi, pas même dans l'ombre, il attend son heure. Et, pour le moment, jette de l'huile sur le feu. Benyamin Nétanyahou, cinquante-deux ans, écarté, à l'hiver 2000, d'un triomphal retour au pouvoir par une « manœuvre conjointe » d'Ehoud Barak et Ariel Sharon, piaffe. Le moment n'est pas encore venu : la popularité de M. Sharon est au zénith. Mais son heure, il le sait, viendra. Combien de temps, pense-t-il et fait-il savoir à qui veut l'entendre, les Israéliens soutiendront-ils un homme qui s'est fait élire en leur promettant la sécurité, alors que les attentats s'amplifient, alors que meurent de plus en plus d'Israéliens – lui dit toujours « de Juifs » ? Les macabres statistiques, insiste-t-il, lui donnent raison : sous le règne d'Ehoud Barak, aux premiers mois de l'Intifada, le « rapport » des victimes était de huit morts palestiniens pour un israélien. Lorsque les mille morts ont été atteints, fin novembre, ce rapport n'était plus que de quatre pour un : huit cents Palestiniens pour deux cents Israéliens. Depuis que Sharon est aux manettes, susurre-t-il, la sécurité des Israéliens ne fait que se dégrader. Lui, Nétanyahou, saurait y remédier.

Comment ? « L'union nationale, c'est bien, mais uniquement si le gouvernement applique la politique du Likoud », expliquait-il, en juillet dernier, devant le comité central de son parti. Or, selon lui, la présence des ministres travaillistes « bride » l'action gouvernementale. C'est à cause d'eux que son « ami » Sharon (qui fut son ministre de la Défense de 1996 à 1999) n'a pas les mains libres pour en finir avec l'Autorité palestinienne. « La politique de retenue encourage la terreur. » Applaudissements nourris dans la salle. Le discours que tient « Bibi » Nétanyahou, dénonçant la « retenue » du Premier ministre israélien, qui n'autoriserait pas Tsahal à « faire son travail », c'est celui des colons les plus extrémistes. Ceux-là mêmes dont la confiance envers Ariel Sharon, qui, en 1978, soutint l'évacuation des colons du Sinaï après l'accord Begin-Sadate, est limitée et conditionnelle. M. Nétanyahou sait qu'il bénéficie d'une popularité toujours intacte, pas tant chez les militants que dans l'électorat ultranationaliste du Likoud, où beaucoup le vénèrent. Il se dit que demain, après-demain, Ariel Sharon commettra bien une faute politique, et qu'il saisira sa chance.

Juste après le 11 septembre, il donnait au quotidien madrilène *El Pais* une longue interview. Question : « *Vous parlez d'un "empire du terrorisme". Qui le compose ?* » Réponse : « *En premier lieu l'Iran. [...] Puis l'Irak et d'autres États arabes. Et bien entendu le régime d'Arafat, qui s'est transformé en une fabrique du terrorisme. Il a élaboré des techniques dont s'est inspiré Ben Laden.* » Plus loin, il ajoute : « *Nous savons qu'Arafat et le groupe de Ben Laden ont des liens étroits. Ils ont essayé de travailler ensemble ici, dans les zones palestiniennes, durant un certain temps.* » M. Nétanyahou

« sait ». Autre question : « *Faut-il en déduire que vous prônez le démantèlement du gouvernement de Yasser Arafat ?* » Réponse : « *Nous devons utiliser tous les moyens pour détruire ses capacités militaires et terroristes. Que le régime d'Arafat y survive ou pas est secondaire.* »

Ainsi va Benyamin « Bibi » Nétanyahou, qui n'est politiquement plus rien (il n'est pas même député), mais dont l'influence pèse lourd, par son aura auprès de ses nombreux fidèles, sur le parti aujourd'hui au pouvoir en Israël.

Sylvain CYPEL, *9-10 décembre 2001*

Shaoul Mofaz, un chef d'état-major très politique

Il est loin d'être, comme Ehoud Barak, le soldat le plus médaillé d'Israël. Après avoir échoué deux fois au concours d'entrée à l'école d'officiers, sa carrière militaire n'a connu aucun haut fait d'armes. Il n'est pas, non plus, un « chef » adulé de ses hommes, comme a pu l'être Ariel Sharon. Mais Shaoul Mofaz, cinquante-deux ans, chef d'état-major de l'armée israélienne, est sans conteste l'officier supérieur le plus « politique » qu'Israël ait jamais connu. De mémoire, on n'y a pas souvenir d'un plus haut gradé aussi interventionniste que ce général, imposé à la tête de l'armée en mai 1998 par Benyamin Nétanyahou, contre le candidat de l'état-major, Matan Vilnaï. Récemment, lorsque le gouvernement, après les attentats à Hadéra, Jérusalem et Haïfa, a adopté sa motion décrétant que l'Autorité palestinienne « soutient le terrorisme », Shaoul Mofaz a fait savoir qu'il aurait, lui, voté avec les ministres qui prônaient une version plus radicale, définissant le pouvoir d'Arafat comme une « Autorité terroriste ».

Depuis le début de la seconde Intifada, il y a quinze mois, on ne compte plus ses esclandres, ses prises de bec avec les ministres de la Défense (deux travaillistes, Ehoud Barak et, aujourd'hui, Benyamin Ben Eliezer), les fuites vers la presse et les résistances à exécuter les décisions politiques. Au point que, comme Shimon Pérès le laissait entendre en octobre, beaucoup en Israël se demandent qui, du gouvernement ou de Shaoul Mofaz et de son « âme damnée », le chef d'état-major adjoint Moché « Bougi » Yaalon (Smolenski), influe davantage sur les décisions politiques et la situation sur le terrain.

Dès le déclenchement de la révolte palestinienne, Shaoul Mofaz s'accroche à plusieurs reprises avec le chef du gouvernement. En exigeant systématiquement une répression beaucoup plus radicale que ne le veut Ehoud Barak, les mesures prises étant déjà bien plus dures que celles jamais utilisées lors de la première Intifada. Face à son « interprétation » toujours maximaliste des directives gouvernementales, il semble que M. Barak ait dû, à un moment, lui interdire tout tir de missile sur les Palestiniens, sans demande préalable et ordre signé de sa main. « *Et pour un second missile, il faudra une deuxième signature ?* », aurait demandé l'officier de liaison. « *Oui,* aurait rétorqué, furieux, Ehoud Barak, *mon autorisation à chaque fois.* »

La victoire électorale d'Ariel Sharon a, il ne s'en cache pas, correspondu au souhait du chef d'état-major qui, s'il ne porte pas la kippa, est assez pieux. Avec le nouveau chef du gouvernement, il partage la certitude que l'accord d'Oslo fut la « plus grande erreur » jamais commise par Israël. Il a, aussi, une autre conviction : si son pays a perdu politiquement lors de la première Intifada, finissant par reconnaître l'OLP, c'est que la répression a été trop molle, ne brisant pas les Palestiniens. Cette fois, il ne faut pas qu'il en soit de même. Lorsqu'en janvier 2001, quatre mois après le déclenchement de leur révolte, reprennent à Taba des négociations sur ce que pourrait être un « accord global » avec les Palestiniens, il fait brutalement savoir qu'il est hors de question qu'Israël accepte de lâcher plus de « concessions » qu'à Camp David. Ce serait avaliser politiquement l'Intifada, l'armée israélienne ne l'admettra pas, indique-t-il, menaçant. M. Barak interrompra peu après des pourparlers qu'il n'aurait de toute façon pas laissé poursuivre à la veille des échéances électorales.

Sous Ariel Sharon, Shaoul Mofaz bénéficie d'une latitude et d'un poids politique jamais atteints par Tsahal. Pas une réunion sécuritaire gouvernementale, importante ou mineure, disait M. Pérès, sans que le chef d'état-major ou ses seconds n'interviennent lourdement. Mais lorsque, à la mi-octobre, Israël, sous la pression américaine, décide de retirer ses troupes du quartier d'Abou Sneineh, à Hébron, qu'elles avaient investi à la demande des colons, le général Mofaz fait publiquement savoir qu'il s'y oppose. Ministre de la Défense, Benyamin Ben Eliezer condamne une « *intrusion inadmissible dans une société démocratique* » et exige sa démission. Le général Mofaz s'en tirera avec des excuses. Le 8 juillet dernier, il avait présenté au gouvernement un « plan d'attaque général » de l'Autorité palestinienne, visant à la démanteler et à investir les zones autonomes pour y récupérer toutes les armes qui s'y trouvent.

L'homme, dit-on en Israël, s'appuie sur le « clan des Perses », ces Juifs comme lui d'origine iranienne qui comptent aujourd'hui parmi eux le président de l'État, Moché Katsav, et le commandant en chef de l'aviation, le général Dan Haloutz. Beaucoup prédisent que si, à droite, Benyamin Nétanyahou parvenait à « déboulonner » Ariel Sharon, le général Mofaz deviendrait son ministre de la Défense.

Sylvain CYPEL, *9-10 décembre 2001*

« Fouad » Ben Eliezer, l'allié travailliste

La majorité des députés travaillistes sont favorables à la sortie de leur parti du gouvernement. Mais la base, selon les sondages internes, y est opposée. Deux hommes incarnent cette volonté de coopération avec Ariel Sharon : Shimon Pérès et, surtout, Benyamin Ben Eliezer. Ministre de la Défense, ce dernier colle à son Premier ministre quand il s'agit de dénoncer la « duplicité » de l'Autorité palestinienne.

Comparé à la « génération d'Oslo », ces jeunes politiciens travaillistes – comme Shlomo Ben Ami, Avraham Burg ou Yossi

Beilin –, parvenus sous Barak au faîte du pouvoir, Benyamin Ben Eliezer, soixante-quatre ans, que tout Israël désigne par son surnom, « Fouad », est un nouveau promu. C'est parce qu'il s'est imposé après le début de l'Intifada comme chef de file des « faucons » travaillistes qu'Ariel Sharon l'a nommé ministre de la Défense dans son gouvernement d'union nationale. Originaire d'Irak, le futur général Ben Eliezer en part, seul, à treize ans (en 1950), pour rejoindre l'État juif naissant.

Parfait arabophone, ses origines lui serviront lorsque, dans les premières années 1970, il se retrouvera agent du Mossad auprès du chef kurde Mustapha Barzani, qui bénéficie du soutien actif d'Israël contre le régime de Bagdad, lequel refuse toute autonomie aux Kurdes.

Ses capacités l'amèneront ensuite à être agent de liaison avec les phalangistes chrétiens au Liban, puis à la tête de l'armée israélienne en Cisjordanie occupée, de 1978 à 1984. Il se targue donc de « *connaître les Arabes* », persuadé, comme beaucoup d'Israéliens, qu'ils « *ne comprennent que la force* ». Lorsque, après les attentats à New York, le 11 septembre, il est interpellé par Amnesty International après que l'armée israélienne eut lancé une offensive d'envergure contre les villes palestiniennes, il rétorque : « *C'est un fait que nous avons tué quatorze Palestiniens* » en trois jours, ajoutant, visiblement réjoui, « *et le monde s'est tu* ».

Pour autant, « Fouad » Ben Eliezer a pris quelques distances avec le chef du Likoud lors du débat gouvernemental du lundi 3 décembre, qui décida la récente offensive contre l'Autorité palestinienne. Il s'est, en particulier, vivement opposé à la motion, présentée par sept ministres d'extrême droite et du Likoud, le parti d'Ariel Sharon, visant à désigner l'Autorité palestinienne comme « terroriste » (et pas seulement « soutenant le terrorisme »). Le lendemain, devant la commission de la Défense et des Affaires étrangères de la Knesset, il expliquait cependant que, selon ses renseignements, les plus hauts dirigeants palestiniens – il a cité Abou Alaa, Abou Mazen, Djibril Radjoub et Mohamed Dahlan – estiment « *qu'Arafat mène son peuple à la catastrophe* ». Et d'ajouter : « *Nous n'avons pas avec qui parler. Pour danser le tango, il faut être deux.* »

Sylvain CYPEL, *9-10 décembre 2001*

Effi Eitam, général de brigade (réserve) et membre du Parti national religieux (PNR)

« J'entre au gouvernement pour qu'Ariel Sharon ne s'arrête pas au milieu du gué. »

Étoile montante des ultranationalistes, il devrait être nommé au cabinet de sécurité israélien.

Selon l'accord passé, jeudi 4 avril, entre Ariel Sharon et le Parti national religieux (PNR), Effi Eitam devrait devenir ministre sans portefeuille et membre du cabinet de sécurité en Israël. Son entrée au gouvernement d'union nationale est donnée comme quasi assurée après le vote, dimanche 7 avril, au comité central du PNR, qui doit le porter à la tête du parti. Elle suscite cependant l'opposition de certains députés travaillistes.

Général de brigade, placé le 1er janvier dans le cadre de réserve, Effi Eitam, cinquante ans, est l'étoile montante des ultranationalistes religieux en Israël. Il était l'officier religieux le plus haut gradé de l'armée, commandant des forces israéliennes au Liban-Sud en 1998-1999, jusqu'à ce que le Premier ministre de l'époque, Ehoud Barak, ordonne leur retrait – auquel il s'est opposé.

Né au kibboutz (travailliste, laïque) Ein Gev, près de Tibériade, le général Eitam a « retrouvé la foi » lors de la guerre du Kippour, en octobre 1973. Il vit dans une colonie du plateau du Golan. Il est marié et père de huit enfants, dont deux servent actuellement dans l'escouade Egoz (Amande), une unité d'élite spécialisée dans les « liquidations ciblées » de Palestiniens.

Pourquoi rejoignez-vous le gouvernement ?

Israël, en tant qu'État juif, affronte une crise existentielle, et je crois pouvoir être utile.

Quels sont les éléments de cette crise ?

Il y en a trois. D'abord, le risque de destruction massive. Au Proche-Orient, deux régimes cherchent à se doter d'armes de ce type : l'Iran et l'Irak. Après la Shoah, le peuple d'Israël ne peut risquer une nouvelle destruction. Le deuxième élément est le terrorisme suicidaire. Israël est le champ d'expérimentation d'une stratégie absolument nouvelle, qui a commencé à New York, dirigée contre les sociétés démocratiques civilisées. Si Israël ne remporte pas une victoire définitive sur ce terrorisme, le monde entier sera menacé. Enfin, Israël souffre d'une crise de leadership.

Comment caractérisez-vous la situation actuelle ?

Le pays est en guerre. D'abord, il faut vaincre les Palestiniens. Ceux qui jugent qu'une victoire militaire est impossible ont tort. Utilisons la force et le temps nécessaires, et nous l'emporterons. Ensuite, l'intérêt supérieur d'Israël est que la communauté internationale éradique les détenteurs d'armes de destruction massive. Si elle ne comprend pas que la menace est mondiale, Israël devra faire seul le travail. Malheureusement, dans le monde, et même en Israël, certains veulent brider notre action.

Vous faites référence au discours du président Bush ?

Les États-Unis envoient des messages contradictoires. Nous avons pour eux une immense estime. Mais Israël est un État indépendant et a ses priorités. J'entre au gouvernement pour qu'Ariel Sharon ne s'arrête pas au milieu du gué. Le syndrome psychopatique des Européens, qui se précipitent pour sauver l'assassin Arafat, est stupéfiant. Chez nous aussi, il y a des défenseurs des « droits de l'homme » et de la « paix », pas moins psychopathes.

Quelles propositions présenterez-vous au cabinet de sécurité ?

Nous devons avoir quatre objectifs :

1. Tuer, expulser ou juger les terroristes. À commencer par Arafat ;

2. Récupérer toutes les armes et détruire les infrastructures de l'Autorité palestinienne ;

3. Nettoyer les têtes, surtout celles de la jeunesse, soumises à l'islamisme ; il faut interdire l'endoctrinement dans les mosquées, les écoles et à la télévision palestiniennes ;

4. Rendre très clair aux Palestiniens qu'aucune souveraineté autre qu'israélienne n'existera jamais entre la mer et le Jourdain.

Selon des témoignages, l'armée commet des exactions contre les civils palestiniens...

Jamais guerre n'aura été menée avec plus de souci d'éviter de s'en prendre aux civils. Qui peut nous donner des leçons ? Les Français, après ce qu'ils ont fait en Algérie ? Les Russes en Hongrie ? Les Américains au Vietnam et, récemment, en Afghanistan ? Les Britanniques, partout ? Allons ! Israël est le pays le plus moral au monde. Les Arabes exploitent les rares bavures. Ce sont des lâches qui se protègent dans les hôpitaux et les églises.

Une fois cette guerre gagnée, que ferez-vous ?

Les Palestiniens des territoires auront tous les droits hormis la souveraineté, la citoyenneté et le port d'arme. À terme, la Jordanie deviendra l'État des Palestiniens. Ils y sont majoritaires. Si elle était démocratique, ils y auraient déjà le pouvoir. Les Palestiniens de Judée et Samarie qui le souhaiteront partiront y vivre. Ceux qui voudront rester chez nous sans citoyenneté le pourront. N'avez-vous pas, en France, six millions de musulmans dont quatre d'étrangers sans droit de vote ?

Quelle est la « crise de leadership » en Israël ?

Le sionisme a rêvé d'un État « normal ». Les Juifs devaient devenir « comme les autres peuples », vivre en sécurité dans leur foyer national, et l'antisémitisme disparaîtrait. Or Israël est l'endroit le plus dangereux au monde pour les Juifs. La conception laïque du sionisme a échoué. Pour être « comme les autres », être un 51e État américain, les Juifs n'ont pas besoin de vivre au Proche-Orient.

La seule raison d'être d'Israël est d'être un État réellement juif. Or, dénuée de vision, la direction actuelle du pays est incapable de justifier la pérennité de cet État et sa nature particulière. Depuis des années, le paradigme de la paix, dans son acception libérale, règne. Sa composante centrale, le judaïsme, est marginalisée. Il faut la mettre au cœur de notre société.

Que serait un État « réellement » juif ?

Il aura trois fondements :

1. Le territoire. La partie occidentale d'Eretz Israël [la terre biblique d'Israël], de la mer au Jourdain, là est l'espace vital du peuple juif ;

2. L'identité. Notre histoire, notre culture, notre langue ne sont pas réductibles à McDonald's ;

3. La spécificité du peuple juif. Nous croyons en l'existence du Maître du monde. Les chrétiens et les musulmans aussi, mais ils ne forment pas un peuple. Nous si. C'est notre particularité : nous sommes seuls au monde à entretenir un dialogue avec Dieu en tant que peuple. Notre État a un message à transmettre au monde, une mission : rappeler l'existence de Dieu à l'humanité.

Israël deviendra *Or La Goyim*, la lumière des nations ?

Nous devons être la lumière pour nous-mêmes, et nous deviendrons la lumière des nations. Le monde souffre de corruption morale : au lieu d'être libres, les gens se retrouvent esclaves de leurs instincts, du sexe et de la violence. Par sa stature morale, Israël montrera la voie.

Vous sentez-vous personnellement investi d'une mission ?

Sans aucun doute. Je sens qu'il faut regrouper une force capable de fournir à l'État d'Israël une nouvelle dimension, antithétique de la dominante occidentale. Mon objectif est d'aller vers un véritable État juif, mais sans l'imposer. Je suis un démocrate.

Sylvain CYPEL, *8 avril 2002*

Moshe Yaalon, un dur aux armées

La désignation, le 13 mars, du nouveau chef d'état-major de l'armée israélienne, qui prendra ses fonctions en juillet, a été saluée par la presse et l'armée. Âgé de cinquante et un ans, le général Moshe (Bugi) Yaalon est considéré comme un dur et devrait s'inscrire dans la lignée de son prédécesseur, Shaul Mofaz, dont il était depuis 2000 le second. Au cours d'une carrière de près de trente ans, ponctuée de promotions classiques, le plus haut fait d'armes connu qui lui soit attribué est l'assassinat d'Abou Jihad, le numéro deux de l'Organisation de libération de la Palestine (OLP), en 1988, à Tunis, quelques mois après le déclenchement de la première Intifada.

Né en Israël, Moshe Yaalon s'est engagé dans l'armée après la guerre de 1973. Ce père de famille de trois enfants va en franchir tous les échelons, d'abord chez les parachutistes, puis, après une blessure subie dans les années 1980, dans les services de renseignement. Il était ces derniers mois chargé des assassinats ciblés de militants palestiniens. En janvier, il laissait clairement entendre que Tsahal était susceptible de réoccuper des zones autonomes palestiniennes. Les incursions des derniers jours ont prouvé que Tsahal avait planifié depuis longtemps ces réoccupations. Le quotidien *Yedioth Ahronot* rapporte le jugement d'un officier qui l'a côtoyé : « *Yaalon n'a jamais fait preuve de beaucoup de créativité, mais il n'a rien fait de stupide.* »

Couronnement d'une carrière militaire, le poste de chef d'état-major ouvre aussi en Israël la voie à une carrière politique presque naturelle. L'ancien Premier ministre travailliste Ehoud Barak l'a précédé à cette fonction et l'actuel chef d'état-major, atteint par la limite d'âge, est donné comme le futur ministre de la Défense au cas d'une victoire de Benyamin Nétanyahou, si ce dernier conduisait le Likoud à de nouvelles élections.

Stéphanie Le Bars, *16 mars 2002*

IV

L'AUTORITÉ PALESTINIENNE ET LES COLONIES

La Cisjordanie est actuellement divisée en trois zones. La zone A représente les territoires sous le contrôle exclusif de l'Autorité palestinienne (environ 19 % de la Cisjordanie). La zone B comprend les territoires sous contrôle mixte, où Israël reste responsable de la sécurité (environ 21 % de la Cisjordanie). La zone C inclut les territoires sous contrôle exclusif israélien (environ 60 % de la Cisjordanie). La Cisjordanie « abrite » 144 colonies juives officielles et une vingtaine de colonies « sauvages », où vivent, au total, quelque 171 000 colons. D'après le mouvement La Paix Maintenant, 25 nouvelles colonies de peuplement ont été créées depuis l'accession au poste de Premier ministre en Israël du chef du Likoud, Ariel Sharon en mars 2001. Le ministre de l'Intérieur indique pour sa part que la population des colonies de peuplement a augmenté de 4 833 personnes au cours des six premiers mois de 2001. M. Sharon affirme qu'il ne veut démanteler aucune des colonies de peuplement de Gaza et de Cisjordanie.

LES COLONIES ISRAÉLIENNES EN 1977

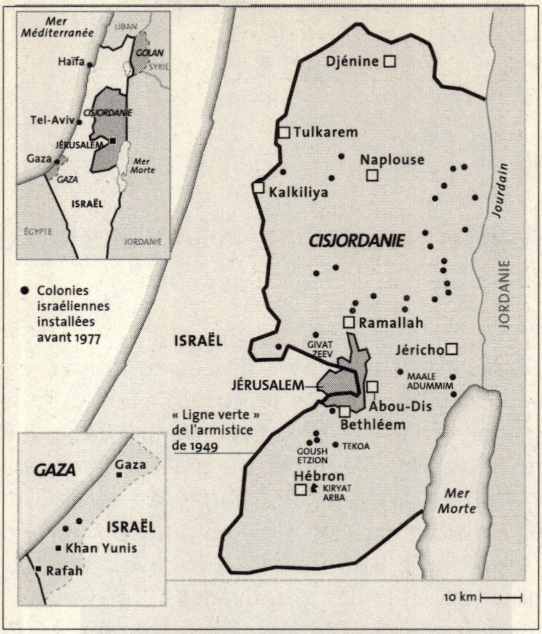

LES COLONIES ISRAÉLIENNES EN FÉVRIER 2002

L'AUTORITÉ PALESTINIENNE ET LES COLONIES

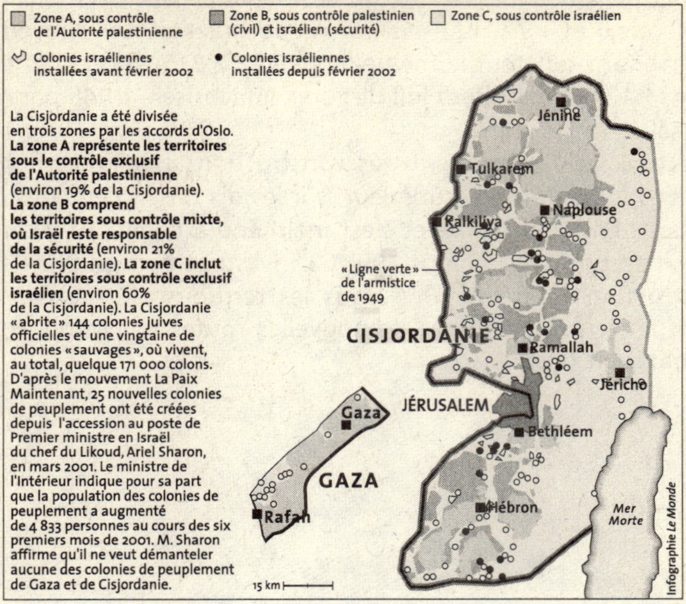

Trois fois plus de colons

Depuis l'arrivée de la droite au pouvoir en Israël, en 1977, le nombre de colons dans les territoires occupés a plus que triplé, atteignant actuellement environ 250 000 personnes. Et le nombre d'Israéliens qui se sont installés dans des quartiers construits sur le territoire municipal annexé de Jérusalem-Est a été multiplié par cinq (plus de 200 000 aujourd'hui).

Une analyse portant sur les années 1990, publiée par l'Institut israélien Adva, compare les dépenses publiques en faveur des colons et celles en faveur des habitants d'Israël. Sur dix ans, l'État a investi 3 679 shekels ou NIS (soit 925 euros) par an et par habitant des colonies dans les territoires occupés (hors Jérusalem-Est), contre 2 308 shekels par résident des « villes de développement » situées en Israël (les zones urbaines paupérisées de Galilée et du Néguev) et 1 720 shekels par Arabe israélien. Les subventions par habitant reflètent la même inégalité : 2 315 NIS par an et par colon, 1 127 par habitant juif de zone défavorisée, 1 045 par Arabe d'Israël.

Le taux de financement des constructions publiques dans les colonies a été de 63 % supérieur, sur les dix ans, à celui des constructions en Israël même et s'est maintenu à ce niveau y compris après l'accord d'Oslo (août 1993). L'investissement public dans la construction a atteint 50 % dans les territoires, 25 % en Israël. L'État a construit 17,2 m^2 de nouvelles routes par colon, 5,3 m^2 par habitant d'Israël.

V

LES SOCIÉTÉS MINORITAIRES D'ISRAËL

La montée d'un « camp moral » humaniste

Dénonçant des « crimes de guerre » perpétrés par l'armée, des voix s'élèvent pour « défendre l'honneur d'Israël » au nom des « valeurs du sionisme ».

Les signes sont épars mais nombreux : un « camp moral », dont les rangs grossissent, est en gestation dans la société israélienne. Surpris de son audace, après plus d'un an de silence, il s'affiche chaque jour un peu plus. Pas une lame de fond, mais une multiplication d'initiatives, de prises de position venues de milieux qui n'ont rien de marginal et qui reprennent des thèmes jusque-là énoncés par de petits groupes sans impact sur une population très majoritairement adepte de la « main de fer » envers les Palestiniens.

Ainsi de la lettre des officiers qui ont annoncé leur refus, à l'avenir, d'effectuer leur période militaire annuelle obligatoire dans les territoires occupés. Lancée le 25 janvier par 52 signataires, leur pétition est désormais paraphée par 194 réservistes, malgré les sanctions annoncées par l'armée. Le 2 février, l'ancien chef d'état-major Amnon Lipkin-Shahak dénonçait cette initiative, mais ajoutait que certains comportements de l'armée israélienne devaient être sévèrement punis. La pétition des « refuzniks », nous a-t-il déclaré, « *reflète un grave problème moral de la société israélienne* ».

Ainsi aussi de la déclaration d'une quinzaine de juristes de renom, le 31 janvier, exigeant que l'armée ouvre des procédures contre quiconque tue sans motif un Palestinien et contre ceux qui humilient ou brutalisent des civils aux barrages militaires. Ainsi, enfin, de l'intervention télévisée, le 2 février, de l'amiral Ami Ayalon, ancien chef des services de sécurité intérieure (Shabak), s'étonnant du « faible nombre de soldats qui refusent d'exécuter des ordres manifestement illégaux ».

Le même jour, pour la première fois depuis le début de l'Intifada, le parquet militaire annonçait une enquête concernant la mort « injustifiée » d'un enfant palestinien. Puis le conseiller juridique de Tsahal émettait des « recommandations » restreignant la mise en œuvre des « liquidations ciblées ». Enfin, l'armée ouvrait une enquête sur la mort de deux nouveau-nés palestiniens dont les mères, en route vers la maternité, n'avaient pas été autorisées à franchir un barrage militaire. « *J'ai le droit de te tuer, pas de te laisser passer* », avait lancé un soldat à l'une d'elles.

Pendant longtemps, ils n'ont été que quelques-uns à dénoncer les « crimes » de l'armée : communistes, pacifistes comme l'ex-député Ouri Avneri et l'ancienne ministre Shoulamit Aloni, journalistes comme Amira Hass ou Gideon Lévy, ONG comme BeTselem ou le Comité contre la torture. Aujourd'hui, un doute s'est largement instillé dans certaines couches sociales quant au bien-fondé de la stratégie répressive. Un doute qu'accompagne un questionnement profond quant aux implications de la « main de fer » sur les « valeurs démocratiques » d'Israël. « *Depuis un an je hurlais que Tsahal commet des crimes de guerre, et on me traitait de juive antisémite*, dit Mme Aloni. *Maintenant que des ministres parlent eux-mêmes de leur malaise, que dira-t-on ?* » Vrai : le likoudnik Dan Méridor a récemment, en réunion de cabinet, évoqué la « faillite morale » que constitue le comportement de soldats aux barrages.

Ce basculement, on peut le dater du 10 janvier. Ce qu'un an « *de liquidations physiques, de tortures, de destructions de maisons, d'arrachage de vergers, d'internements administratifs et d'expulsions* » (déclaration du Gouch Shalom) n'était pas parvenu à ébranler dans l'opinion, un événement, habituel dans sa forme mais inhabituel dans sa dimension, va le susciter. La veille, quatre soldats d'une unité des « minorités » (Bédouins, Druzes, Tcherkesses) sont tués à Gaza dans une embuscade. L'armée fait détruire 59 bâtiments à Rafah ;

500 civils palestiniens se retrouvent démunis de tout. Officiellement, l'opération avait pour but d'« *éclaircir la visibilité* » des tireurs israéliens. Mais l'armée a laissé l'unité touchée mener les représailles. En une de l'hebdomadaire Ha'Ir (La ville), Orit Shohat écrit : « *Si ça n'est pas de la vengeance, alors qu'est-ce ? La vengeance est devenue le facteur d'unité du pays et l'ordre du jour permanent de l'armée.* »

Quand tombe le communiqué du général commandant la région Sud indiquant 14 maisons inhabitées rasées dans une action « militairement justifiée », le mensonge est patent. *Haaretz* y voit « *un summum dans la crise de crédibilité [...] du porte-parole de l'armée* », lequel « suscite de plus en plus de doutes envers une institution qui était une pierre de touche de la démocratie israélienne ». Creuset de socialisation, l'armée a toujours été idéalisée en Israël. Le quotidien donne une série d'exemples où, depuis un an, la « version officielle » n'est pas crédible. Lorsque, deux semaines plus tard, une commission d'enquête militaire avalisera, à quelques nuances près, la version initiale de l'armée, la presse publiera succinctement son communiqué, sans commentaires. Comme si personne ne prenait ce rapport militaire au sérieux.

Désormais, des termes comme « guerre coloniale » ou « apartheid » sont énoncés, y compris par des pivots de l'establishment. On invoque la manière dont Tsahal s'inspire de la « pacification » de l'armée française en Algérie. Ehoud Barak explique que, sans retrait israélien des territoires à terme, « *ce sera ici la Bosnie ou l'Afrique du Sud* ». Lorsque Ouri Avneri, le vieux pacifiste, organise un meeting à Tel-Aviv pour dénoncer les « crimes de guerre » israéliens, le général de réserve Dov Tamari est avec lui sur l'estrade. Le président de la Knesset, Avraham Burg, religieux travailliste, déclare le 28 janvier : « *L'occupation corrompt ; plus précisément, elle nous a déjà corrompus. La discrimination devient notre norme, et l'insensibilité une manière d'être.* » Presque tous jugent les « valeurs » du sionisme menacées, partagent la conviction de « défendre l'honneur d'Israël ». Tous sont effrayés par le « culte de la force » d'un gouvernement qui ne mène pas, disent-ils, une guerre défensive, mais une « *guerre de défense des colonies* », laquelle entraîne le pays vers une catastrophe. « *Israël,* dit le juge Michael Ben Yaïr, ex-conseiller juridique du gouvernement Rabin, *sera jugé par l'Histoire et, peut-être, encore avant, à La Haye* » (la Cour internationale de justice).

La manifestation de ces inquiétudes, les violentes reparties en retour contre les « traîtres » et les « défaitistes » manifestent la vigueur de la démocratie israélienne. Lorsqu'on expose cette évidence à Shoulamit Aloni, ancien ministre d'Itzhak Rabin, elle rétorque par une boutade : « *La loi constitutionnelle,* dit-elle, *définit Israël comme un "État juif et démocratique". C'est parfaitement exact : il est démocratique pour les Juifs, et juif pour les Arabes !* » Le « camp moral », lui, s'inquiète des dérives qu'il décèle.

Ainsi, le 25 janvier, Amir Oren, spécialiste des questions militaires du *Haaretz*, écrit : « *Afin de se préparer aux prochaines campagnes, l'un des chefs de l'armée dans les territoires a récemment dit que [...], si l'objectif doit être de s'emparer d'un camp de réfugiés surpeuplé ou de la casbah de Naplouse, le commandant sur place doit avoir analysé les leçons de combats similaires [dans l'histoire], y compris, aussi bouleversant que cela puisse paraître, de la façon dont l'armée allemande s'y est prise avec le ghetto de Varsovie. [...] Beaucoup [d'officiers supérieurs] jugent que, pour réussir, il faut accumuler des connaissances tirées des plus terribles circonstances. [...] Le ghetto de Varsovie ne leur sert que d'exemple extrême.* » L'auteur, le 1er février, a tenu à préciser que les généraux israéliens étudiaient pragmatiquement ces situations, sans bien évidemment s'identifier à l'armée nazie. Pas plus, ajoutait-il, qu'ils n'approuvent la répression des ghettos noirs aux États-Unis ou la guerre en Tchétchénie, bien que Charles Hill, de la police de Los Angeles, et Viacheslav Ovchinnikov, ex-général des Spetznatzs russes en Tchétchénie, présenteront leurs expériences devant le Collège de défense nationale israélien, à la mi-février.

La guerre d'Algérie, la Bosnie, l'apartheid, et maintenant Watts, Grozny et même le ghetto de Varsovie ! La multiplication de ces références est devenue insupportable au « camp moral », comme elle choque une majorité d'Israéliens, qui récusent, bien évidemment, toute pertinence de ces analogies avec le conflit israélo-palestinien. Mais l'accumulation de ces comparaisons devient trop répétitive pour ne pas ébranler le « camp moral ». Celui-ci prend à témoin, par exemple, les déclarations d'Israël Rosen, membre du Forum des rabbins de Judée-Samarie, qui proposait, le 28 janvier, d'« *expulser les familles des terroristes suicidaires, en saisissant leurs biens et même en rasant leurs villages* ». Ces punitions collectives, ajoutait-il, seraient « *conformes à la morale juive* », laquelle se différencie du christianisme ou des Lumières « *en ce sens qu'elle n'est pas fondée sur le principe de pitié* ». En Israël, de plus en plus de gens font désormais entendre qu'ils ont une autre conception de la « morale juive ».

Face à cette mobilisation naissante du « camp moral », les autorités ont jusqu'ici réagi en ordre dispersé. Des députés de droite ont appelé le président de la Knesset à démissionner. L'état-major a demandé à ses services juridiques d'étudier la possibilité, au-delà de la dégradation ou de la non-convocation des « refuzniks », d'intenter des procédures à leur encontre pour désertion en temps de guerre. Mais il a semblé reculer devant l'augmentation du nombre des signataires. Un mouvement intitulé Le Droit de Servir regroupe des officiers de réserve mobilisés pour défendre « la pureté et le moral » de l'armée israélienne. Il dénonce amèrement la presse internationale, qui « *trouve la pétition des officiers objecteurs de conscience plus intéressante que les attentats* ».

Là se situe la principale faiblesse des opposants à la poursuite de l'occupation. Dans l'opinion israélienne, très majoritairement, « *Israël est l'agressé, pas l'agresseur* ». C'est Israël qui subit des attentats suicides de terroristes qui ne s'en prennent presque exclusivement qu'à des civils. Certes, Ariel Sharon lui-même a pu évoquer publiquement le parallèle avec la guerre d'Algérie. « *C'est comme vous [Français] en Algérie, mais nous, nous resterons* », déclarait-il à *L'Express* (27 décembre 2001). Mais l'analogie n'est pas celle qu'on lui prête. Il voulait seulement expliquer que les Israéliens, contrairement aux pieds-noirs, n'ont pas de « métropole » où se rapatrier en cas de victoire palestinienne. Parce que « *les Arabes ne se contenteront pas de Gaza et Hébron, ils veulent aussi Jaffa et Saint-Jean-d'Acre* ». Surtout, les analogies désormais récurrentes dans les médias et la bouche de commentateurs israéliens apparaissent à la plupart sans validité aucune. « *C'est une guerre, entend-on, et on ne fait pas la guerre au terrorisme sans dégâts. Mais l'armée israélienne n'a jamais bombardé des villages de Cisjordanie au napalm, comme l'armée française en Algérie. Elle n'a pas non plus avalisé des viols collectifs. Elle n'a pas rasé Naplouse, comme l'armée russe l'a fait à Grozny.* »

Reste qu'Ariel Sharon aurait des raisons de commencer à s'inquiéter un peu. Le 31 janvier, un sondage de la radio publique B indiquait qu'une moitié des Israéliens jugeaient que les agissements de leur armée dans les territoires occupés posaient « des problèmes moraux », et qu'un tiers « comprenaient l'attitude » des officiers refusant d'y faire leur période militaire annuelle. Le mouvement Gouch Shalom prévoyait, samedi 9 février, d'organiser une manifestation sur le thème : « L'occupation nous tue tous ».

Sylvain CYPEL, *11 février 2002*

Colons et militants de la paix

Avner, Tal et Janet contre Yaakov, David et Maggy... Pour les pacifistes, la violence n'apportera aucune solution, il faut plus que jamais aller de l'avant, se remobiliser, même si la bataille idéologique ne doit pas être facile

Venir à Jérusalem-Est est une aventure pour ces deux jeunes étudiants israéliens. Pourtant, l'université hébraïque à laquelle ils se rendent chaque jour est à deux pas. Elle domine même cette partie de la Ville sainte. Mais Avner Inbar et Tal Neuberger ne se sentent pas en sécurité dans ce monde qui n'est pas le leur. C'est pourquoi ils ne s'y rendent jamais.

Quant aux territoires occupés, ce n'est pas la peine d'en parler. D'ailleurs, c'est interdit. Pourtant, ces deux garçons s'y intéressent de près. À tel point qu'ils en ont fait le centre de leurs préoccupations. Il y a quelques mois, ils ont décidé de créer une nouvelle organisation intitulée Green Line, reprenant le nom de la ligne séparant l'État d'Israël des territoires occupés avant la guerre de 1967. L'idée leur est venue, le 4 novembre, lors de la commémoration de l'anniversaire de l'assassinat de Itzhak Rabin en 1995. Surpris et déçus par la mollesse des participants, ils se sont sentis abandonnés et ont décidé de rassembler quelques amis pour se demander « *ce qu'il fallait faire* » afin de combler ce vide et « *nourrir le rêve de la paix* ».

L'idée est simple et, à leurs yeux, évidente. Puisqu'il n'est pas possible de gouverner du Jourdain à la mer, il n'y a qu'une solution, une seule et unique solution : se retirer des territoires au-delà de la Ligne verte, d'où le nom de leur mouvement. Selon eux, ce sera le pas décisif vers la paix. Ensuite viendra la création d'un État palestinien, mais ce n'est pas leur objectif. Leur organisation n'est pas politique. Elle ne répond qu'à un besoin de bon sens qui est partagé par une majorité d'Israéliens, comme l'atteste encore le dernier sondage publié à la mi-mars par le quotidien *Maariv*. 60 % des personnes interrogées se sont déclarées en faveur d'un « retrait d'une partie des colonies » et 45 % sont favorables à un retrait total dans le cadre d'un accord de paix. Il suffit de faire avancer l'idée, de la propager pour qu'elle s'impose comme une nécessité, comme la voie royale vers la paix. Ces deux étudiants constatent qu'il y a une progression constante en faveur d'un retrait unilatéral et total jusqu'aux frontières du 4 juin 1967. Ils font remarquer que plus personne ne regrette le départ de Tsahal du sud du Liban et le retour sur la Ligne bleue, il y a deux ans, après dix-huit années d'occupation.

Pour eux, cela ne relève pas d'une utopie. Ils savent que ce n'est pas pour tout de suite, mais « *il faut stopper cette guerre, et le seul moyen de le faire, c'est de mettre un terme à l'occupation* ». Ils sont d'autant plus confiants et convaincus que les adhérents au mouvement ont progressé depuis l'opération Mur de protection. Les slogans d'origine ont fait mouche : « *Fini le désespoir, finis les territoires* ». Avner est persuadé que la violence n'apportera aucune solution, qu'il faut donner aux Palestiniens « *le droit de se gouverner eux-mêmes et que, si deux États ne peuvent vivre côte à côte, alors il n'y a pas de solution* ». Habitant à deux kilomètres de Bethléem, il n'y met jamais les pieds parce que ce n'est pas chez lui, que la Cisjordanie n'est pas son pays et qu'« *il faut voir la réalité en face* ». « *Il est temps que les Israéliens se réveillent et cessent de se réfugier devant la télévision et de gober tous les communiqués militaires comme parole d'évangile.* »

Même si l'esprit d'Oslo est moribond, les pacifistes veulent encore y croire. Le traumatisme engendré par cette occasion manquée avait provoqué la quasi-disparition de ce courant dans l'opinion publique. Même les travaillistes se sont réfugiés dans les bras d'Ariel Sharon à la suite de cette immense déception. Aujourd'hui, face à l'aggravation de la situation et un horizon bouché, les pacifistes tentent, non sans mal, de refaire surface. « *Sharon ne veut pas la paix et Arafat agit comme s'il ne la voulait pas* », dit Janet Aviad, de La Paix Maintenant, ajoutant : « *Sharon avait promis la paix et la sécurité, et voyez où on en est. Les Israéliens commencent à se rendre compte qu'il n'a pas de programme, qu'il conduit le pays au bord du gouffre.* » Pour cette militante de La Paix Maintenant depuis sa création il y a vingt-cinq ans, américaine d'origine, installée en Israël depuis trente ans, il faut plus que jamais aller de l'avant, remobiliser. « *Nous en avons assez. On veut retourner aux frontières de 1967, et pour cela nous allons mener une bataille idéologique. Je me bats pour mon pays. Je veux extirper le cancer du corps d'Israël, car l'occupation, c'est un cancer.* »

Janet Aviad sait que la lutte ne sera pas facile. Mais l'aggravation de la situation depuis le début de l'année justifie une intensification des campagnes et des manifestations de toute nature. L'amertume engendrée par l'échec de Camp David, la haine suscitée par la réoccupation des villes autonomes, par les attentats suicides, doivent être surmontées. Elle reste convaincue que les négociations reprendront un jour ou l'autre : « *Il n'y pas d'autre possibilité. J'espère simplement qu'il n'y aura pas trop de sang versé avant. En attendant, je pense que nous pouvons avoir une influence. Je suis absolument persuadée que je fais quelque chose d'important pour mon pays, et les accusations de trahison me font sourire, car je suis une meilleure Israélienne que ceux qui nous critiquent et prennent la nation en otage.* » Pour preuve de la justesse de sa cause, Janet Aviad souligne la résurgence des mouvements pacifistes comme Gush Shalom, les femmes en noir, les femmes pour une paix juste.

Le retrait suppose résolue la question des 155 colonies. Selon les dernières statistiques, les colons sont au nombre de 213 000, tant en Cisjordanie qu'à Gaza. Mais, pour la première fois en 2001, leur croissance a été de 5,2 %, alors qu'elle était en moyenne de 8 % au cours des années précédentes. Cette progression de 10 600 personnes supplémentaires l'an dernier est surtout le fait d'ultra-orthodoxes. Ce qui témoigne non seulement d'une vraie crainte en raison de l'insécurité, mais d'une certaine forme de doute. « *Les Israéliens commencent à se rendre compte que le coût de l'occupation est élevé, que le prix à payer sur le plan économique, politique et humain n'est pas justifié, que plus on attend, plus les choses seront irréversibles, que c'est une tragédie sans fin. Les Israéliens ne veulent plus vivre sous la terreur. Il faut briser le cercle vicieux* », constate Yaron Ezrahi, professeur de sciences politiques à l'université hébraïque de Jérusalem. « *Je suis convaincu que, dans vingt ans, il n'y aura plus ou pratiquement plus de colonies,* ajoute-t-il, *car Israël ne sacrifiera pas sa survie pour défendre les colons, et les soldats ne voudront pas aller se faire tuer pour eux.* »

L'Intifada coûte cher au pays. Selon une étude de la Banque d'Israël, son impact direct est estimé à 4 % du PIB, dont plus de la moitié en raison de la chute du tourisme. De manière indirecte, le chiffre est nettement supérieur, reconnaît la Banque centrale. Les chiffres de l'émigration ont baissé, passant de 60 000 en 2000 à 40 000 en 2001. Le rabbin Michael Melchior, vice-ministre des Affaires étrangères, reconnaît que « *la plupart des colons devront revenir à l'intérieur des frontières reconnues d'Israël* » et qu'un « compromis » devra être négocié pour certaines colonies.

Pour Yaakov Shamir, « *le sentiment populaire est qu'il faut deux États pour deux peuples* ». Selon ses recherches, 53 % des Juifs et 67 % de la population sont en faveur du démantèlement de la plupart des colonies. Qu'en pensent les colons ? Sont-ils prêts à se sacrifier sur l'autel de la paix ? À Bet El, non loin de Jérusalem, communauté de 4 300 habitants installée à proximité de Ramallah, David Chaouat assène : « *Il y a certaines valeurs sur lesquelles on ne peut pas transiger. Nous sommes ici non pas par le droit de la force mais par la force du droit. C'est le droit de la Bible. Les écrits saints ont établi le plus vieux cadastre du monde, prouvant que nous étions déjà là depuis la nuit des temps. Je ne veux pas donner mon pays. Il n'y a pas de peuple palestinien. Il y a seulement un mythe. Nous sommes le plus vieux peuple du monde. Les autres civilisations sont dans les musées. Nous savons que nous avons raison, et nous continuerons à nous développer. Si demain nous partons d'ici, pourquoi nous ne quitterions pas aussi Tel-Aviv ?* »

Depuis quinze ans en Israël et huit ans dans cette colonie, ce Français d'origine souligne que Bet El existe depuis vingt-quatre ans, qu'au début il y avait douze familles et que les gens disaient : « *Lorsqu'ils auront fini leur colonie de vacances, ils partiront.* » Désormais, c'est une ville, fait-il remarquer en ouvrant un dépliant sur lequel des photos montrent les premières installations et les vestiges de la présence juive il y a deux mille ans. « *Lorsque l'on creuse, on trouve la trace de nos ancêtres. Quand les Espagnols sont allés en Amérique du Sud, les Anglais en Amérique du Nord, ils n'ont pas trouvé leurs ancêtres. Nous sommes ici chez nous, et rien ne nous fera partir. Oslo est la plus grande catastrophe du Moyen-Orient.* »

Bet El est une communauté en grande partie religieuse où le Goush Emounim, organisation d'extrême droite, est bien implanté. Laly Deri affirme : « *Le peuple juif a survécu. Il est encore là et il a réussi à revenir sur cette terre. Dieu ne nous laissera jamais tomber. Cela va aller de mieux en mieux.* » Son amie Maggy Bat Yossef est plus directe : « *Les Israéliens qui sont pour Oslo, ce sont des gens fatigués. Ils en ont marre, mais si on en a marre, on est fichu. On est de vrais combattants. Si on n'a pas de raison d'être ici, on n'a pas de raison d'être en Israël. Jamais on ne partira.* »

L'armée est à deux pas. Le quartier général des forces israéliennes occupe un vaste territoire à proximité. Et si, à Bet El, tout se passe bien, ce n'est pas la même chose à Pesagot. La colonie a été construite au bord de la falaise. Elle surplombe Ramallah et a souvent été la cible de tirs palestiniens. Un mur a été construit pour protéger les maisons. Des sacs de sable encadrent les fenêtres. Raymond Bauer, alsacien d'origine, est venu ici il y a quatre ans et ne regrette rien.

À soixante-treize ans, il se dit confiant : « *Je suis un Juif errant, mais ici je suis chez moi, même si on me traite de tous les noms d'oiseaux. L'histoire a prouvé que nous sommes à notre place ici. Je pense être au bon endroit, et il n'y a pas plus de risque ici qu'ailleurs, et, de toute façon, je suis prêt à courir ce risque. Colon, c'est un nom qui n'existe pas pour moi.* » Il montre les balles qu'il a retrouvées sur sa terrasse et celle qui a traversé la vitre du salon. Cela ne l'inquiète pas. Il affirme en avoir vu d'autres. Rien ne le fera partir. Il deviendra « *un résistant* ». « *On m'évacuera par la force.* » Mais, pour lui, il est impossible que l'armée qui le protège actuellement puisse l'obliger un jour à quitter sa maison.

Selon les propos d'un haut responsable des colonies rapportés par Yaakov Shamir : « *70 % des colons partiront, 20 % résisteront pacifiquement et 10 % se battront.* »

Michel BÔLE-RICHARD, *18 avril 2002*

Arabes israéliens, Palestiniens d'Israël

Représentant déjà 20 % de la population, la minorité arabe est toujours discriminée. Elle affirme de plus en plus son indépendance.

La fracture n'a pas été réduite. Entre la majorité juive et les Arabes, chrétiens et musulmans, israéliens, l'heure est désormais à la méfiance. Dans les premiers jours de la deuxième Intifada, en octobre 2000, des manifestations de solidarité avec les Palestiniens des territoires avaient été brutalement réprimées par les services de sécurité. Treize Arabes israéliens avaient été abattus par les forces de sécurité à Oum Al-Fahm et à Nazareth, bastions de cette communauté. Une tragédie sans précédent, plus grave que la Journée de la terre, en 1976, organisée en protestation contre des expropriations en Galilée, qui avait fait huit morts. Pendant quelques jours, cette violence avait brusquement gommé la Ligne verte séparant Israël des territoires palestiniens.

Les Arabes israéliens, ou les Palestiniens d'Israël, représentent déjà 20 % de la population de l'État, et leur taux de croissance démographique est nettement supérieur à la moyenne nationale. Elle s'accompagne depuis quelques années d'une prise d'indépendance politique. Longtemps clients captifs de la gauche travailliste, les Arabes israéliens ont pris pour la première fois leurs distances en février 2001, en s'abstenant massivement au cours de l'élection qui a vu le triomphe d'Ariel Sharon. Son concurrent travailliste, Ehoud Barak, n'aurait sans doute pas gagné avec les voix arabes, mais, sans elles, il était assuré de perdre.

Le tiraillement entre les origines communes avec les Palestiniens des territoires et le choix de rester citoyens d'Israël n'est pas nouveau. La discrimination avérée dont les Arabes israéliens sont les victimes en matière d'équipement, d'emploi ou d'éducation l'a toujours alimenté. Après la crise d'octobre 2000, la volonté d'apaisement exprimée par les responsables arabes du Haut Comité – l'interlocuteur principal des autorités israéliennes – a rapidement attesté de leur désir de ne pas remettre en cause le cadre existant. La création d'une commission d'enquête, toujours à l'œuvre, a témoigné également d'une prise relative de conscience des autorités israéliennes.

Le calme, de fait, est revenu, en dépit de l'aggravation de la situation en Cisjordanie et à Gaza. Mais les regards réciproques ont changé. Le rassemblement annuel du Mouvement islamique – que dirige Raed Salah à Oum Al-Fahm –, en septembre, a ainsi suscité des interrogations alarmistes dans la presse israélienne sur l'inéluctabilité d'un fondamentalisme qui serait le pendant du Mouvement de la résistance islamique (Hamas) palestinien. Le 9 septembre 2001, il est vrai, le premier attentat suicide jamais perpétré par un Arabe israélien avait causé la mort de trois personnes à Nahariya.

Quant aux députés représentant la minorité arabe à la Knesset, ils mènent une incessante guérilla verbale, à l'image d'Azmi Bishara. Ce professeur de philosophie formé en Allemagne de l'Est, réputé pour sa virtuosité oratoire et son agilité intellectuelle, a longtemps été la coqueluche des médias israéliens. Il s'était porté candidat en 1999 au poste de Premier ministre avant de se retirer au profit d'Ehoud Barak. Mis en cause par le procureur général de l'État pour des discours prononcés en Syrie et à Oum Al-Fahm, dans lesquels il célébrait la résistance des Palestiniens occupés, Azmi Bichara a été privé de son immunité parlementaire et renvoyé devant un tribunal. Son procès, qui se tiendra à la fin du mois de février, devrait lui donner l'occasion d'instruire celui de la discrimination tolérée par Israël. Il fera écho à l'analyse de l'universitaire Ilan Pappé selon laquelle les Arabes israéliens « s'israéliseraient » d'autant plus facilement si Israël, au lieu de se « judaïser », faisait de même.

Gilles PARIS, *11 février 2002*

VI

DEMAIN

L'ÉVOLUTION DE LA POPULATION

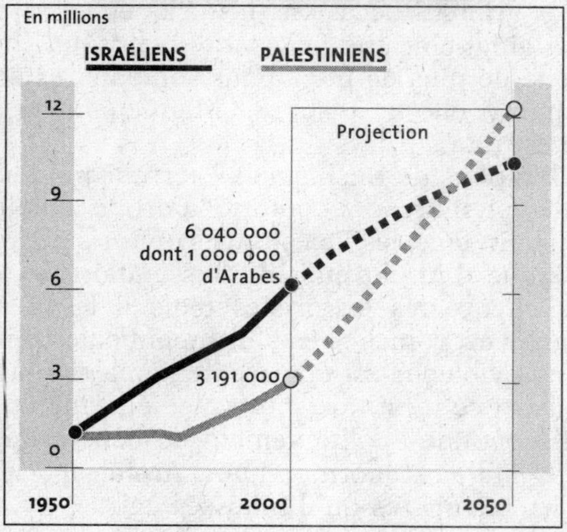

Entretien avec Yirmiyahu Yovel

Philosophe et historien des idées, né à Haïfa, soixante-cinq ans, il enseigne à l'université hébraïque de Jérusalem et à la New School of social research de New York. Il est l'auteur de plusieurs ouvrages dont Kant et la Philosophie de l'Histoire, Spinoza et autres hérétiques *et* Les Juifs selon Hegel et Nietzsche.

Qu'est-ce que le 11 septembre a changé en Israël ?

Le grand changement est antérieur au 11 septembre : c'était l'échec de Camp David et l'Intifada armée. Pour le camp de la paix en Israël, cela a été une déception énorme, une prise de conscience que les Palestiniens ne voulaient pas la paix, qu'ils voulaient la déstabilisation d'Israël. Cela n'a pas seulement abouti à l'élection de Sharon, cela a permis à la rhétorique de la droite de devenir la rhétorique dominante, sur le thème : « Le camp de la paix, vous nous avez nourris d'illusions pendant trente ans. » Il est encore difficile de mesurer la profondeur de cette déception. Mais on avait eu l'impression qu'une occasion historique était à portée de main, et les grandes occasions historiques ne se produisent que tous les vingt-cinq-trente ans. Il y avait sous Ehoud Barak une majorité de plus de 60 % pour soutenir ses concessions pour la paix ; elle a disparu. Maintenant le sentiment d'impasse est total.

Les déclarations de Bush sur la « terreur mondiale », juste après le 11 septembre, ont conforté la droite israélienne dans ses illusions. En face, les Palestiniens ont pris peur. C'est vrai que la tactique d'Arafat était de laisser faire le terrorisme, il n'a pas envoyé les terroristes mais il les a manipulés. Aujourd'hui, il est coincé : l'establishment palestinien sait que la carte de la violence est épuisée : elle n'a rien apporté aux Palestiniens, si ce n'est une souffrance énorme et l'effondrement de l'économie ; politiquement, le bénéfice est presque nul et le recul est énorme. Mais Arafat n'arrive plus à contrôler les terroristes qu'il a laissés agir.

Comment voyez-vous la stratégie de la droite israélienne ? Quel est, à long terme, le dessein d'Ariel Sharon ?

Pour moi, d'abord, Sharon est à la gauche de la droite israélienne : il y a eu un recentrage en Israël car, parallèlement à l'écroulement de la majorité pour la paix, la vision du Grand Israël, qui était celle de la droite classique, s'est écroulée aussi. Le contexte international ne le permet pas, la démographie ne le permettra pas non plus. Au moins 70 % du Likoud ont compris que ce rêve était impossible. La population l'a compris aussi, déjà avant Camp David. Aujourd'hui, c'est l'extrême droite qui est pour le Grand Israël. Et Sharon, comme la plupart des Israéliens, s'est recentré.

Ensuite, Sharon est plus faible qu'avant. Il n'a plus le même élan. Il n'arrive plus à imposer ce qu'il veut pour Israël. C'est l'un des Premiers ministres les plus faibles de l'histoire d'Israël. Je ne peux pas me souvenir d'une période dans notre histoire où l'armée ait eu un tel poids dans les décisions politiques. Un chef militaire cherche avant tout à sauver la vie de ses soldats. Du coup, il y a une priorité tactique sur le terrain qui l'emporte sur les autres considérations d'ordre stratégique et diplomatique. C'est regrettable de deux points de vue : d'abord d'un point de vue humanitaire car l'armée agit parfois avec une brutalité inexcusable – en rasant maisons, vignes et oliviers pour des raisons tactiques étroites – et ensuite, parce que la lutte d'Israël n'est pas seulement une lutte tactique, c'est aussi une lutte diplomatique pour sa légitimité, faire valoir ses droits et expliquer son sentiment d'avoir été trahi.

N'y a-t-il pas aussi une illusion côté palestinien, l'illusion que les Palestiniens peuvent, comme au Liban, épuiser les Israéliens par la violence et les attentats ?

Je suis d'accord : c'est de la part des Palestiniens une profonde illusion, une incompréhension totale de la société israélienne. Ils sont victimes de leur propre propagande. Pour eux, il n'y a que des Israéliens conquérants. Ils refusent de connaître – pour ne pas les reconnaître – les raisons positives profondes du « Pourquoi Israël », donc ils ne font pas la distinction entre ce qui est authentique et essentiel pour les Israéliens et ce qui ne l'est pas. Ils n'ont pas compris que pour les Israéliens, le Liban, ça ne compte pas, tandis que l'État d'Israël, c'est autre chose ! Les Palestiniens ont ouvert le débat du droit au retour or, le retour contredit le principe de deux États et veut dire la déstabilisation et la destruction d'Israël en tant qu'État juif.

La société israélienne est-elle résignée à vivre avec la terreur ?

Nous sommes dans la pire situation depuis la fondation de l'État d'Israël, à cause de l'absence d'espoir, à droite comme à gauche. Pas dans la pire situation du point de vue de l'existence d'Israël, mais du point de vue de la situation d'impasse. Dans ce pays, il y a toujours eu un espoir d'un côté ou de l'autre. Pour la gauche, c'était l'espoir de la paix stable et de l'acceptation d'Israël : il s'est effondré. Pour la droite, c'était l'espoir du Grand Israël, l'annexion des territoires palestiniens : il s'est effondré aussi. Que fait-on dans une telle situation ? On lit Camus et on tient. Ce n'est pas par choix que les Israéliens se sont résignés à tenir, ce n'est pas leur mode de vie préféré. C'est pour eux la pire façon d'exister. Mais ils tiendront, et c'est ce que les Palestiniens ne comprennent pas. Car il n'y a pas d'alternative.

Mais, inversement, est-ce que les Israéliens peuvent s'habituer à vivre avec un tel niveau de répression et de violence contre les Palestiniens ?

N'oubliez pas la terreur brute et aveugle contre les civils israéliens et les assassinats suicides des fanatiques religieux que votre presse glorifie comme « kamikazes ». Mais, pour répondre à votre question, beaucoup de gens en Israël pensent que c'est trop, qu'on ne peut pas continuer comme ça. Mais pour que ce sentiment devienne une force politique, il faut qu'émerge une alternative.

D'où peut venir l'alternative ?

Il y a trois voies possibles : la première, c'est qu'Israël change de politique. La politique de Shimon Pérès, et qui n'est pas, pour le moment, celle du gouvernement, c'était de tenir compte des attentats qu'Arafat favorise, mais de ne pas tenir compte des attentats du Hamas, qui sont contre Arafat, et de revenir aux pourparlers. La deuxième, c'est que Yasser Arafat prenne le contrôle de l'Autorité palestinienne et, comprenant qu'il a mal joué, arrête la violence ; même Sharon n'aurait alors pas d'autre choix que de revenir à la négociation. La troisième voie est une initiative diplomatique menée par les Américains, de préférence avec une participation européenne, qui ait assez de force pour s'imposer.

L'opinion israélienne peut-elle se retourner contre Sharon ? Ou est-elle figée dans un pessimisme normalisé ?

Il faut distinguer deux types d'espoir : l'espoir d'un arrangement permanent, qui existait à l'époque d'Ehoud Barak, et l'espoir d'un arrangement intérimaire. Le premier a beaucoup souffert ; je ne le vois pas renaître prochainement. Peut-être dans quelques années. L'espoir d'un arrangement intérimaire, en revanche, peut renaître du jour au lendemain, et peut offrir une sortie de l'impasse. Si l'opinion voit cette possibilité, alors elle peut se retourner. Et vous verrez aussi que la contestation morale contre les excès de l'armée peut devenir une contestation politique.

Quel rôle la montée des thèmes antisémites dans la presse arabe a-t-elle joué dans le conflit actuel ?

Un rôle crucial. Et ce n'est pas seulement la presse, ajoutez la virulence des sermons dans nombre de mosquées et l'enseignement scolaire antijuif. Notre plus grande erreur depuis Oslo, dans le camp de la paix, a été de ne pas exiger l'arrêt de cette propagande vitupérante dans le camp arabe. Nous l'avons excusée en pensant qu'elle diminuerait avec le temps : cette indulgence était une grave erreur. Non seulement cette propagande n'a pas cessé mais elle a décuplé. Cela a creusé le fossé. Dans chaque retour aux négociations, Israël devrait insister sur l'éducation et la pacification de l'opinion. Cela dit, l'arrêt de la propagande doit être réciproque : dans certains milieux religieux israéliens, on entend aussi des choses impardonnables sur les Arabes.

L'image d'Israël s'est dégradée en France, en particulier auprès des jeunes. Certains parlent de judéophobie. Utiliseriez-vous ce terme ?

Comme généralisation non. Mais le phénomène existe dans certains secteurs. Je constate que la France a toujours eu une compréhension de base des positions israéliennes, peut-être plus dans la classe politique que dans les médias. Une partie des critiques est sans doute justifiée, une autre est injuste, parfois révoltante. Le problème concerne la façon de présenter les nouvelles. Il y a des distorsions structurelles et conjoncturelles dans les médias. Structurellement, ils tendent à être hâtifs, à tronquer le contexte, et ils sont particulièrement attirés par les scènes de violence et de souffrances. Tout cela mène facilement à un jugement unilatéral. En outre, en Occident, les journalistes tendent à être les gardiens des valeurs de base de leur société – et de les prêcher aux autres, même quand ils savent que leurs propres concitoyens (ou dirigeants ou soldats) n'agiraient pas différemment placés dans des situations similaires à celles qu'ils relatent... Je comprends cette « cause », je la salue même, mais il faut reconnaître aussi les risques d'hypocrisie et de partialité. Parmi les raisons conjoncturelles, je note en France et en Europe, non pas un anti-israélisme, ce serait exagéré, mais un phénomène de *schadenfreude*, cette façon de jouir quand l'autre souffre d'un problème moral : le Juif qui a toujours été la victime, regardez comment il est devenu l'oppresseur... [...] On met un peu plus l'accent sur les défauts des Juifs que sur ceux des autres [...] On peut dire que le Juif est plus intéressant dans la conscience occidentale, mais il est aussi plus recherché dans le sens négatif, et ça, c'est une forme d'antisémitisme indirect très répandue.

Propos recueillis par Alain FRACHON
et Sylvie KAUFFMANN, *11 février 2002*

TABLE

CATALOGUE LIBRIO

DOCUMENTS ET ACTUALITÉS

L'Affaire Dreyfus
J'accuse et autres documents - n° 201
Samuel Aslanoff
La Coupe du monde à tous les stades - n° 529
Nathalie Baccus
Grammaire française - n° 534
Adrien Barrot
L'Enseignement mis à mort - n° 427
Bettane et Desseauve
Guide du vin - n° 396
Yveline Brière
Le Livre de la sagesse - n° 327
Le Livre de la méditation - n° 411
Le Livre de la paix intérieure - n° 505
Henri Brunel
Contes zen - n° 503
La relaxation, c'est facile ! - n° 561
André Comte-Sponville
Le bonheur, désespérément - n° 513
Conjugaison
n° 470
Coup de chaud sur la planète
En coédition avec *Le Monde* - n° 449
La Découverte des Indiens (1492-1550)
Documents et témoignages - n° 303
Les Droits de l'Homme
Anthologie présentée par Jean-Jacques Gandini - n° 250
Clarisse Fabre
Les Élections, mode d'emploi - n° 522
Jean-Henri Fabre
Histoires d'insectes - n° 465
Fées, sorcières ou diablesses
Anthologie présentée par Barbara Sadoul - n° 544
Les Femmes et la politique
En coédition avec *Le Monde* - n° 468
Jean-Jacques Gandini
Le Procès Papon - n° 314
Gérard Guégan
Debord est mort, le Che aussi. Et alors ? - n° 314
Gulliver
Dire le monde - n° 239
Musique ! - n° 269
World Fiction - n° 285
Israël / Palestine
En coédition avec *Le Monde* - n° 546
Jean-Charles
La Foire aux cancres - n° 132
Josué, Mathilde, Nina
Une seconde avant l'an 2000 - n° 479
Brigitte Kernel
Fan attitude - n° 525
Un été d'écrivains - n° 535
Adrien Le Bihan
Auschwitz Graffiti - n° 394
Mémoires de maîtres, paroles d'élèves
En coédition avec Radio France - n° 492
Mondes blancs
Festival Étonnants Voyageurs - n° 474
Catherine Normier
Bleus Marine - n° 509
Jean d'Ormesson
Une autre histoire de la littérature française
Le Moyen Âge et le XVIe siècle - n° 387
Le Théâtre classique - n° 388
Les Écrivains du grand siècle - n° 407
Les Lumières - n° 408
Le Romantisme - n° 439
Le Roman au XIXe siècle - n° 440
La Poésie au XIXe siècle - n° 453
La Poésie à l'aube du XXe siècle - n° 454
Le Roman au XXe siècle : Gide, Proust, Céline, Giono - n° 459
Écrivains et romanciers du XXe siècle - n° 460
Paroles de détenus
En coédition avec Radio France - n° 409
Paroles de Poilus
En coédition avec Radio France - n° 245
Paroles d'étoiles
En coédition avec Radio France - n° 549
La Peine de mort
En coédition avec *Le Monde* - n° 491
Plages
Anthologie présentée par Humbert K. - n° 475
Les Présidents de la Ve République
En coédition avec *Le Monde* - n° 521
Hubert Prolongeau
La Cage aux fous - n° 510
Pierre-André Taguieff
Du progrès - n° 428
Vive l'école républicaine !
Anthologie présentée par Philippe Muller - n° 310
Patrick Weber
L'Amour couronné - n° 531

Librio

546

Composition PCA - 44000 Rezé
Achevé d'imprimer en Europe
à Pössneck (Thuringe, Allemagne)
en août 2002 pour le compte de E.J.L.
84, rue de Grenelle, 75007 Paris
Dépôt légal août 2002

Diffusion France et étranger : Flammarion